고독하되 고독하지 않게

Allein, aber nicht einsam

Wunibald Müller

Copyright © by Vier-Türme GmbH, Verlag, D-97359
Münsterschwarzach Abtei
Korean translation copyright © 2012 by ST PAULS, Seoul, Korea

이 도서의 국립중앙도서관 출판예정도서목록(CIP)은 서지정보유통지원시스템 홈페이지(http://seoji.nl.go.kr)와 국가자료종합목록 구축시스템(http://kolis-net.nl.go.kr)에서 이용하실 수 있습니다. (CIP제어번호 : CIP2012002437)

| 이 책은 저작권법의 보호를 받으므로 무단전재와 무단복제를 금합니다.
이 책 내용의 전부 또는 일부를 재사용하려면 반드시 저작권자와 성바오로출판사의 동의를 얻어야 합니다. |
|---|

외/로/움/에/ 숨/겨/진/ 참/행/복/의/ 비/밀/

고독하되
고독하지
않게

부니발트 뮐러 글 / 황미하 옮김

차례

여는 글

1. 혼자이되 고독하지 않게 사는 법 11
2. 나 자신과의 대결, 자아와의 대결 29
3. 혼자 있음과 자존감 51
4. 주변 세계와의 대결,
   친밀한 관계를 맺는 능력과의 대결 73
5. 경계 없는 차원으로 들어서기 97
6. 혼자 있음을 기회로 여기기
   – 고독과 창의적으로 교류하기 119

닫는 글

참고 문헌

여는 글

    오늘날 우리는 인터넷 시대에 살면서 신속히 소식을 주고받는다. 예전에는 생각조차 할 수 없던 일이다. 하지만 그 반대로 고독과 외로움도 현저히 증가하는 추세다. 주변이 온갖 소음과 소란, 소동으로 가득 차고 휘황찬란한 빛 가운데 고독과 무의미함, 불안이 점차 확산되는 현상을 보고 느끼게 된다. 많은 사람들이 이웃과 점점 더 단절되는 것 같다고 느낀다. 인간관계란 피상적이고 깨지기 쉬우며 지속하기 어렵다고 여기게 되는 경험을 함으로써, 이 세상에서 나는 혼자이므로 홀로 서야 한다고 생각한다. 인간관계는 각각의 관계마다 다른 것이므로, 그런 생각은 더 큰 깨달음의 일부에 지나지 않는다는 것을 모르는 사람들이 참 많다.

사람들은 고독에서 벗어나려고 갖가지 방법으로 안간힘을 쓴다. 수영장에 가서 인파에 휩쓸려 "무슨 일이라도 생겼나?" 하며 기웃거리기도 하고, 텔레비전 앞에서 많은 시간을 보내기도 한다. 또 약물을 복용하거나 술로 외로움을 달래는가 하면, 자연을 찾거나 책을 읽기도 한다. 혹은 자신이 지금 외롭고 쓸쓸하다는 것을 그냥 받아들이기도 한다.

베를린이나 뮌헨 같은 대도시는 외로움에 빠진 사람들을 끌어당기는 특별한 매력이 있는 듯 보인다. 사람들은 다채롭게 펼쳐지는 문화 행사에 참석하거나, 안락한 곳을 찾아 여가를 즐기면서 고독을 몰아낼 만병통치약을 발견하기도 한다. 해 본 적이 없는 일을 하며 기분을 풀고 싶고, 대도시에서나 기다리고 있을 법한 화려한 삶을 자신도 함께 누리는 꿈을 꾼다. 그런데 자기가 대도시에 있다는 사실 하나만으로도 인생이 풍요롭고 행복하리라고 기대하지만, 대부분 실망하고 만다. 그렇다. 대도시의 전형적인 특징이기도 한 무관심과 빠른 템포 속에서 쓸쓸하게 살아가는 모습이 적잖이 눈에 띈다. 진정한 인간관계는 본인 하기 나름이라는 진리가 대도시에서도 통용된다는 점과, 외로움을 이겨 내려면 자신이 먼저 남에게 다가가야 한다는 점을 알아야 한다. 그러나 이를 알지 못하는 많은 사람들이 대도시에서 고독하게 살고 있다. 예전처럼 외롭게 살고 있으며, 어쩌면 앞으로 더 외롭게 살아갈지도 모른다.

수많은 사람들이 외롭다고 생각한다. 그러나 의도적으로 혼자 사는 사람도 많다. 철저한 독신을 추구하는 사람 또한 적지 않은 상황이다. 최근의 연구에 따르면, 독일만 해도 혼자 사는 사람이 무려 1,100만 명에 이른다. 하지만 자신이 외롭다고 느끼는 사람들의 부류에 처음부터 독신자들을 포함시키는 것은 별로 객관적이지 못하다. 물론 혼자 사는 이들 가운데 외로움에 빠진 사람들이 있다. 반면에 결혼하여 배우자가 있거나 공동체를 이루며 사는 사람들 중에도 외롭다고 느끼는 이들이 있다. 혼자 살지 않는 사람, 예컨대 파트너와 함께 사는 사람인데도 고통스럽다는 것은 내적으로 혼자라는 것, 둘이 함께 있어도 외로울 때가 많다는 뜻이다. 여기서 혼자 있음과 고독은 결코 같지 않다는 사실이 확연히 드러난다. 내가 혼자 있더라도 고독하지 않게 살 수 있는 것이다.

나는 심리치료사로서 혼자 있음과 고독의 긍정적 체험

과 부정적 체험을 먼저 다룬 다음, 부정적으로 경험한 고독의 원인을 규명하고, 혼자 있음을 긍정적으로 체험하려면 어떤 조건들이 필요한지 명확히 밝히려고 한다. 이와 관련하여 자기 인식, 정체성 발견, 자존감, 친밀한 관계를 맺는 능력 같은 주제들을 중점적으로 다룰 것이다. 끝으로 고독과 혼자 있음을 극복하고, 이러한 체험과 창의적으로 교류하는 길뿐만 아니라, 그 과정에서 생길 수 있는 정신적 성장 가능성을 각자의 삶에 잘 적용하도록 용기를 주는 길을 제시하겠다.

    이 책이 나올 수 있도록 아이디어를 제공하고 출판사에서 원고를 담당하며 배려를 아끼지 않은 베라 슈나이데라이트Vera Schneidereit 여사와 마티아스 가르Matthias E. Gahr 박사에게 진심으로 감사한 마음을 전한다.

부니발트 뮐러Wunibald Müller

1

혼자이되
고독하지 않게
사는 법

인간이 혼자 있다고 해서 반드시 고독한 것은 아니다.
| 퍼트리샤 튜더산달 Patricia Tudor-Sandahl

고독과 혼자 있음의 긍정적 체험, 부정적 체험

배우 니콜 키드먼Nicole Kidman은 "지금까지 자신이 혼자라고 느낀 적이 있나요?"(Are you ever lonely?)라는 물음을 받고 이렇게 대답했다. "저는 혼자인 때가 많아요." 위의 물음은 "지금까지 외로웠던 적이 있나요?"라고 해석해도 괜찮을 것이다. 인간은 혼자 있을 때 스스로 아주 행복하다고 느낄 수도 있지만, 불행하다고 느낄 수도 있다. 외롭다고 호소하는 사람은 그에게 뭔가 부족한 것이 있다는 의미다. 이 말은 "나는 혼자라는 느낌이 들어요."라고 말하는 사람에게도 적용된다. 어떤 곳에 갔는데 "여기는 참 한적하네요." 하고 말한다면, 그곳엔 특별한 게 아무것도 없다는 뜻이다. 그곳은 조용하다. 만약 "나는 고독을 좋아해요."라고 한다면, 거기서 혼자 기꺼이 있겠다는 말이다. 소음이나 도시가 제공하는 수만 가지 오락거리가 필요 없다는 뜻이다.

이렇듯 고독과 혼자 있음은 다양한 의미로 이해할 수 있다. 어떤 사람이 자발적으로 한적한 곳에 가거나 홀로 산다면, 고독과 혼자 있음은 긍정적인 의미를 지닌다. 반면, 마지 못해서 고독이나 혼자 있음을 추구하는 사람이라면 그 두 가지를 부정적으로 경험할 뿐이다. 이런 사람은 대부분 바람직한 사회적 접촉을 하지도 않지만 그럴 능력도 없기 때문에 고독이나 혼자 있음을 찾는 것이다.

실존적 고독

고독과 관련하여 인간은 누구나 철저하게 혼자이고 내던져진 존재라고 철학자와 작가들은 말한다. 인간이 처한 실존적 고독을 두고 헤르만 헤세가 시로 아주 적절하게 표현했다.

> 기이하고나, 안개 속을 거니는 것은!
> 삶은 고독한 것
> 어느 누구도 다른 사람을 알지 못한다네.
> 모두 혼자라네!

사실 인간은 누구나 내면 깊은 곳에서 혼자이다. 홀로

태어나서 홀로 죽는다. 사람들과 아무리 깊이 있는 관계를 쌓았더라도 우리의 삶에는, 특히 우리 자신 안에는 남이 건드리지 못하고 나만이 간직한 영역이 있다. 이렇게 고독은 낮과 밤, 비와 천둥처럼 인간의 삶에 실재하지만, 창의적으로 체험할 수 있다. 고독은 삶의 한 부분으로서 늘 우리와 함께 간다.

고립과 소외로 체험하는 고독

고독과 혼자 있음의 또 다른 형태는 고립이나 소외로 체험하는 것이다. 우리는 자신만의 공간에 틀어박혀서 더 이상 나오려고 하지 않는다. 자신이 내던져졌다고, 화려한 바깥세상과 단절되었다고 생각한다. 흡사 구약 성경에 나오는 욥과 같은 꼴이다. 욥이 자신에 대해 한탄한다. "내 형제들은 내게서 멀어지고 내 친구들은 남이 되어 버렸다네. 친척과 친지들은 떨어져 나가고 집안 식객들은 나를 잊었으며 계집종들은 나를 낯선 자로 여기니 저들 눈에 나는 이방인이 되었다네."(욥 19,13-15)

나와 내 주변 세계를 이어 준 끈이 툭 끊긴 듯 보인다. 내 안에 있는 저 에너지, 나를 꿋꿋이 나아가게 하고 내 삶을 더욱 깊고 풍요롭게 해 주는 에로스가 얼음을 지치러 나간 것 같다. 고독은 커다란 내적 궁핍이면서도 동시에 이 궁핍을 벗어나려는 갈망과 짝을 이루며 문학 작품에서 많이 표현된다. 마샤 칼레코Mascha Kaleko가 지은 시(2003)에도 이런 면이 잘 나타난다.

> 고요한 시간에 내게 물었네.
> 사랑하는 그대여,
> 그대가 나타나기 전에 내 삶이 어땠는지.
> 그대, 내 영혼의 그림자를 거둬 갔지.
> 그대를 만나기 전에 내가 추구한 것은 무엇인가.
>
> 내 지난날이 어땠는지 돌아보며
> 여전히 대충 알 뿐이란 걸 깨달았네.
> 현재라는 파도가
> 나를 거세게 때리며 산산이 부서지면서
> 그 빛나던 꿈은 모두 바다로 흘러가고 말았네.
> 새들이 얼마나 즐겁게 지저귀는지 잊어버렸네.

그대가 내 곁에 있는 동안
세월의 화려한 옷을 입었지.
지나간 시간 가운데 이제 내게 남은 것이란
하얀 겨울과 고독뿐이라네.

겨울과 고독만 나를 기다릴 뿐
그대, 나 홀로 남겨 두고 떠났네.
이제 봄은 다시 오지 않으리.

   고독을 고립으로 체험할 때 마치 자신이 버림받은 듯한 느낌이 드는 경우도 많다. 이런 느낌은 계속될 수도 있지만, 때로는 일시적으로 작용하기도 한다. 한 예를 들어 보겠다. 내가 실제로 경험한 일이 떠오른다. 캘리포니아 주 버클리에 가서 처음 지냈을 때의 일이다. 나는 향수병에 걸려서 지독히 외로웠다. 주변을 둘러싼 모든 것이 낯설었다. 나는 스스로에게 거듭 물었다. 독일에서는 곁에 있는 사람들을 믿고 의지했는데, 이곳 사람들도 그렇게 믿을 수 있겠느냐고. 아는 사람이라곤 아무도 없는 낯선 세상에서 오래 살아야 하는데 그저 막막할 따름이었다. 나는 기가 완전히 꺾인 채 이국땅에서 외톨이처럼 느껴졌다. 함께 대화할 만한 누군가가 몹시 그리웠다. 영어 실력이 서툴러서 남에게 선뜻 다가가기도 어려웠다. 나는 외롭고 쓸쓸했으며 나 자신이 가엾었다. 그렇게 고독과 외로움을 겪는 가운데 짓눌린 상태에서 서서히 벗어나게 되었다.

이 세상에 나 혼자뿐이고 마치 내던져진 것 같은 느낌이 엄습하면서 스스로 잠식당할 수가 있다. 이런 현상은 자신이 사랑받지 못한다는 느낌과 빈번히 연관된다. 내가 갈망하는 사랑을 하지 못하고 내가 간절히 원하는 사람들과 자유로운 관계를 맺지 못할 때, 자신이 받아들여지지 않는다고 생각한다. 내가 한없이 무력하고 하잘것없는 존재로 여겨지고 열등감이 생기면서 시기심이 꿈틀꿈틀 올라온다. 내세는 없는 것을 다른 사람들은 가지고 있다. 도대체 네게 잘못된 것이 무엇이란 말인가! 다른 사람들에게서 까마득히 멀어진 느낌이 든다. 나를 진심으로 걱정해 주는 사람이라고는 아무도 없다. 남들은 인생을 즐기고 뭔가를 행하며 웃고 춤추고 서로 사랑하며 이야기하는데, 나는 내 세계에 갇혀 버린다. 참담하고 삭막하고 냉혹한 세계다. 끌어당기는 맛이라고는 조금도 없고 사랑할 가치조차 없다고 여겨지는 세계다. 나 자신마저 초라하고 쓸모없는 존재라는 생각이 든다.

무료함과 무의미로 체험하는 고독

무료함도 고독 체험이라고 할 수 있다. 자신을 자극하고 뭔가를 행하며 삶과 접촉하려면 내적 힘이 필요한데, 사람들은 이 에너지를 제대로 활용하지 않는다. 오히려 외적 자극에 기댄다. 이를테면 리모컨을 한 번 누르기만 하면 다채로운 세상이 펼쳐지는 텔레비전이나 오랫동안 빠져들 수 있는 인터넷에 의지한다. 텔레비전이나 인터넷이 외로움을 덜어 준다고 생각하는 현대인이 너무나 많다. 이런 매체들은 속이 빤한 거짓말을 한다는 사실을 예전부터 알았건만, 여전히 더 믿으려 한다. 텔레비전과 인터넷이 잠시 기분 전환은 될 것이다. 이렇게 점점 더 약해지는 내적 원동력이 점점 더 외적 자극의 지배를 받는 추세이다. 그러나 더 이상 이런 방법으로 만족할 수 없다면? 그땐 어떻게 할 것인가?

한편, 무의미함을 동반한 채 고독을 경험할 때도 있다. 내가 투신하고 싶을 만큼 의미를 지닌 것이 아무것도 없다. 이런 경우에 고독 혹은 혼자 있음은 허무하거나 무의미하게 여겨진다. 같은 맥락에서 신학자 폴 틸리히Paul Tillich가 '혼자 있음의 고통'에 관해 말한다. 한 여성의 체험담을 들어 보겠다.

> 나는 어린 나이에 집을 나왔다. 자유로워지고 싶었기 때문이다. 내게는 모든 것이 너무 비좁았다. 집뿐만 아니라 인간관계도 그랬다. 가출한 뒤로는 늘 혼자 살았다. 이제 인생의 후반기라고 부르는 단계에 들어섰다. 고독은 내게 젊은 시절부터 무척 힘겹고 고통스러운 것이었다. 그러나 고독에 맞설 능력은 지금과 비교할 수 없을 정도로 훨씬 더 많았다. 사람들과 왕래하고 앞을 바라보며 어느 정도 미래를 신뢰하는 것이 젊을 때는 한결 수월했다. 그러나 이제는 삶을 돌이킬 수 없다는 생각이 든다. 미래가 과연 내게 더 줄 만한 게 있을까?
>
> 밤이 되었다. 그러나 내 곁에는 기쁨을 함께 나누거나 화풀이할 사람이 아무도 없다. 달아나듯 청소나 손

1. 혼자이되 고독하지 않게 사는 법

일에 푹 빠져 본다. 어떤 일을 끝내지 못할 때는 내 문제를 술로 달래기도 한다.

혼자서 보내는 주말은 정말 외롭고 슬프다. 나는 백화점에 가서 물건을 사며 점원과 몇 마디 주고받는 것 말고는 주말에 그 누구와도 대화한 기억이 별로 없다. 월요일에 출근하여 애인이 있는 직장 동료들의 이야기를 듣는 것은 슬픈 일이다.

서로 사랑하는 사람들을 바라보는 일도 슬프다. "그대가 있어서 얼마나 좋은지 몰라요!" 하고 내게 말해 주는 사람이 아무도 없다. 직장에서 성과를 올리는 것으로 자존심을 지킬 뿐이다. 이제는 고독의 통증이 훨씬 더 아프게 가슴을 후빈다. 사람을 사귀는 일이 더욱더 어려워졌다. 직장을 옮기고 새로운 곳으로 이사한 최근엔 특히나 힘들게 느껴진다.

인간관계는 실망만 안겨 주기 때문에 나는 사람들을 신뢰하지 않았다. 관계를 맺는 자신의 능력에 대해서도 의구심이 생겼다. 그 결과, 점점 더 고립되어서 나만의 달팽이집으로 밀려나고 말았다. 그러나 나는 이 좁고 어두운 집을 벗어나 의미 있는 삶을 살고 싶다. 내가 쌓은 성과만으로 인정받는 세상이 아니라 진실한 인간으로 받아들여지는 세상에 들어가고 싶다. 과연 그런 날이 내게 올까?

- 「Neue Gespräche 새로운 대화」(1985)

슬픔과 우울함으로 체험하는 고독

고독을 부정적으로 경험할 때 슬픔과 우울함이 따르기도 한다. 인간은 자신이 외롭다고 느낄 때 우울해질 수 있다. 고독할 때도 우울한 마음이 든다. 삶과 인간관계에서 고립되고 단절되었다고 느끼며 자신의 처지가 절망적이라고 여긴다. 이 참담한 상황을 뚫고 나갈 출구를 찾을 수가 없다. 다른 사람들에게는 분명히 허락된 질 높은 삶을 상실한 채 고뇌에 빠진다. 사례 하나를 소개하겠다.

서른다섯 살 된 여인이 우울증을 깊이 앓고 있었다. 아주 오래 전에 시작된 병이라 원인을 찾아내기도 어려웠다. 여인은 세상에 혼자 있다고 생각했다. 본인이 골방에 틀어박혀 있다는 것도, 다른 사람들의 보호를 받는다는 사실도 전혀 의식하지 못했다. 심한 열등감과 함께 나타나는 우울한 기분에 사로잡힌 채, 그녀는 현실과 교류하는 능력을 잃어버리고 말았다. 여인은 우울증이라는 어두운 필터를 통해 주변 세계를 바라보며 더 이상 현실을 있는 그대로 받아들이기가 어려웠다. 여인에게 다가가려고 거듭거듭 애쓰고 초대하려는 사람들이 그 주변에 있다는 것도 이런 현실의 한 단면이다. 여인은 자신이 가진 것을 제대로 판단하지 못한다. 우울한 마음으로는 현실을 직시하기가 어렵기 때문이다. 그렇게 여인은 어두운 감옥에 갇힌 것처럼 살고 있다. 자신이 순항하는 배의 짐칸에 앉아 있다고 여긴다. 그리하여 배의 짐칸 밖에서 펼쳐지는 다채롭고 화려한 세상에 관해서는 아무것도 알지 못한다. 삶이 실제로 자기 옆을 어떻게 지나가는지 짐칸의 조그만 창문을 통해서 지켜볼 뿐이다. 자신이 삶을 주도할 수 있다는 사실을 모른 채.

혼자 있음과 둘이 있음

'둘이 있음'이라는 말은 '혼자 있음'이라는 말과 뚜렷한 대조를 이루기 위해 짝을 지어 사용되는 경우가 많다. 다른 사람과 함께 있다는 것이 얼마나 좋은지 알릴 의도로 이 말을 쓰는 것이다. 이렇듯 둘이 있음이 지닌 긍정적 연상이 혼자 있음에 영향을 미치기도 한다. 그렇다면 고독이 나 자신과 좋은 관계를 맺기도 한다는 의미를 지닌다. 나는 나 자신과 접촉하고 함께 있는 것을 잘 견뎌 낼 수 있다. 때로는 즐기기까지 하면서.

두 사람이 함께 있고 '둘이 있음'을 누린다면, 혼자서도 잘 지내는 두 사람이 독립된 인격체로서 같은 공간에 함께 있다는 사실로 인해 더욱 풍요로워진다는 뜻으로 이해할 수도 있다. 두 사람이 내적 영역을 교류하며 자기 자신과 긍정적인 관계를 이루고 굳건히 설 때, 둘이 있음은 참으로 아름다운 체험이 될 수 있다. 깊은 내적 관계를 형성하면, 무엇보다도 두 사람이 관계 안에서 각자 자유롭게 느끼며 그때그때 만나는 다른 사람의 심중도 충분히 헤아릴 줄 알게 된다. 자신의 고독을 잘 인지하는 사람이라면 그렇게 할 수 있다.

이렇듯 둘이 있음을 긍정적으로 체험할 때 혼자 있는 상태에 좋은 영향을 미치기도 한다. '둘이 있음'의 체험에서 내가 혼자라는 것, 그리고 혼자서도 잘 지낼 수 있다는 것을 알게 된다. 나아가 내가 둘이 있음에 어떻게 관여하고 싶은지, 고독이 내게 무슨 의미를 지니는지, 고독하게 산다는 것이 내게 어느 정도 중요한지, 이 모든 것이 내가 어떻게 하느냐에 달려 있기도 하다. 내가 혼자 있을 때 둘이 있음이 어떠한지를 아는 것, 그리고 '둘이 있음'을 다시 체험할 수 있다는 것을 아는 것은 혼자 있음을 참아 내는 데 큰 도움이 된다. 혼자 있는 것이 고통스럽게 느껴지는 특정한 상황에 처했을 때는 더욱 그렇다. 내가 관계 안에서 살거나 관계를 맺을 수 있다는 것을 안다면, 혼자 있음을 잘 견뎌 낼 수 있고 나아가 거듭거듭 추구하기도 한다. 혼자 있음이 내 삶을 풍요롭게 하는 것으로 체험될 때까지.

특권과 치유의 원천으로 체험하는 고독

이렇듯 고독과 혼자 있음을 긍정적으로 체험할 수도 있다. 한 발 뒤로 물러나서, 고독을 자신에게 침잠하는 기회로 받아들일 수 있다. 일상의 서두름과 소음을 뒤로한 채 고독 속으로 들어간다. 융 C. G. Jung은 고독을 치유의 원천으로 여겼다.

고독은 마음이 편안해지고 긴장이 풀리며 사람과 사물에 감정을 이입할 수 있는 상태이다. 주변에서는 어떤 흥분도 일지 않는다. 고독은 우리가 특별한 방법으로 전혀 다른 존재, 곧 하느님과 통교할 수 있는 현존하는 형태이기도 하다. 고독과 혼자 있음을 그렇게 체험하려면, 예컨대 휴가나 주말 같은 일시적인 시간이 필요할 때도 더러 있다. 한편, 은수자처럼 평생 고독을 체험하는 방식을 의도적으로 택하는 사람들도 있다. 안드레아는 나이가 서른셋이며 결혼한 지 십 년 된 여성이다. 이제 두 아이의 엄마가 된 그녀는 미혼 시절을 회상하며 이렇게 말했다.

"고독을 '만끽한' 적도 간혹 있었어요. 이 세상에 나 혼자뿐이고 버림받고 이해받지 못한다고 느낀 고통스러운 시기가 지난 이후의 단계에서 특히 고독을 누렸죠. 그 뒤에 나 자신을 찾고 받아들일 수 있게 되는 체험을 하면서 고독을 기회로 여기게 되었어요. 이 체험이 끝날 즈음에는 어떻든 늘 만족했고 자유로웠지요. 하지만 과거형으로밖에는 얘기할 수 없어요. 어린 시절 이후로는 더 이상 고독을 긍정적인 의미로 체험하지 못했으니까요."

안드레아의 경우는, 고독을 체험하지 못하면 이 세상에 혼자 남은 것 같은 느낌으로 내몰릴 수 있다는 한 가지 예가 되기도 한다. 다른 사람들과 너무 오래 함께 있거나 일상생활에 과도하게 짓눌린 나머지 외롭다고 느낄 수 있다. 다른 일에 지쳐 버리면 더 이상 자기 자신과 접촉하지 않기 때문이다. 가정 공동체나 수도 공동체 등에서 외로움을 느끼는 사람들도 많지만, 오히려 방에 혼자 있는 것이 덜 외롭다고 느끼는 사람들도 많다.

고독과 혼자 있음의 영적 차원

영적 전통에 따르면 고독이 지닌 의미는 크다. 아무리 어렵고 힘든 상황에 처하더라도 혼자 있음과 고독을 의식적으로 참아 내는 자세가 중요하다. 영성 작가 헨리 나웬은 고독을 유명한 그랜드 캐니언 국립 공원에 견주며 고독이 주는 상처에 관해 말한다. 고독의 상처는 아름다움과 자기-이해의 무궁무진한 원천을 이루는 우리 존재의 표면이 깊이 베인 것이라고 표현한 그는 이렇게 말을 잇는다. "그런 까닭에 나는 널리 알려지지 않거나, 심지어 혼란스럽게 보일지도 모르는 면이 나타나면 큰 소리로 똑똑히 말하고 싶다. 그리스도인으로 산다는 것은 고독을 없앤다는 뜻이 아니다. 우리는 고독을 값진 선물로 알고 잘 간수하며 다뤄야 한다."(1979)

그런 고독 체험은 중요한 영적 과정으로 발전하여 나 자신과 더욱 은밀히 접촉할 수 있다. 이런 맥락에서 영적 전통에 따라 '하느님을 위해 자유로워지기'(vacare deo)라는 개념이 자주 등장한다. 이는 내가 하느님과 내적 관계를 맺으려면 모든 것을 멀리하고 모든 것에서 자유로워져야 한다는 뜻이다. 사람이나 사물에 얽매인 상태에서 자유로워진다는 의미로 쓰이는 경우도 많다. 침묵하고 묵상하고 의식적으로 하느님과 관계를 맺는 시간들은 하느님을 위해 자유로워질 수 있는 형태이다. "예컨대 우리는 자연을 찾아 혼자 머물면서 탁월한 것, 신성한 것, 초월적인 것을 바라보는 복된 체험을 적잖이 한다. 고독의 숨결과 그 비극성이야말로 신앙심을 일으키는 소중한 가치다."(뢰저Röser, 2005)

2

나 자신과의 대결
자아와의 대결

자기 자신을 아는 것을 배꼽을 바라보는 것 정도로 혼동하는 사람이 많다. 그러나 참자아를 이해하고 수용하는 태도야말로 다른 사람들과 관계를 잘 맺기 위한 전제 조건이다.

| 스테파니 다우릭Stephanie Dowrick

우리가 경험하는 혼자 있음과 고독 가운데 많은 부분이 각자의 고유 세계와 맺는 관계에 따라 설명될 수 있다. 특히 나만의 세계에 살면서, 우리는 각자 자기 자신이 정신을 갖춘 인격체라고 여긴다. 여기서 말하는 정신이란 내가 생각하고 느끼는 것, 특징적인 것들을 뜻하는데 나를 형성하는 특성도 포함된다.

자기 체험의 의미

자기 체험은 에고ego 여행과 동일시되는 경우가 많다. 에고 여행이란 자기 자신을 구현하고 자신만을 주시하며 자신의 관심사만을 추구한다는 뜻이다. 그러나 이런 태도는 자기 체험을 편협하게 잘못 이해하는 것이다. 자기 체험이란 무엇보다도 자신을 알고 이해하며 될 수 있는 대로 나를 형성하는 모든 것 안에서 자신을 인지한다는 의미다. 내면 가장 깊은 곳에서 나를 이루는 참자아도 자기 체험에 속한다. 자아는 "우리가 겉으로만 생각하고 느끼는"(쉘렌바움 Schellenbaum, 2004) 그 이상을 아는 깊은 곳이다. 우리에게 속하지만 대부분 의식하지 못하는 영역이 이 깊은 곳, 자아에 포함된다. 우리가 의식하는 것은 우리를 궁극적으로 형성하는 것의 일부에 지나지 않는 경우가 많다는 점에서 출발한다. 우리가 의식하는 자아는 10퍼센트에 불과하다. 이렇듯 자아는 빙산에 견줄 수 있다. 빙산은 꼭대기만 드러낸 채 바다에 우뚝 솟아 있다는 사실을 우리는 잘 안다.

이 깊은 곳, 나의 자아를 나는 어떻게 체험할까? 나 자신과 접촉하기 위해 시간을 낼 때 자아를 체험할 수 있다. 경우에 따라서는 다른 사람들의 비판적 응답을 듣는 가운데 나의 자아 인식을 보충하거나 수정하기도 한다. 심리 치료를 받는다든지 다른 형태의 과정을 함께 밟으면서도 자기 체험을 할 수 있다. 이런 집중적인 방식으로 도움을 받으면서 자신과 더 많이 만나고 현실적인 필요나 동경과도 더 많이 친숙해진다. 묵상, 적극적인 상상 기법, 다양한 형태의 그림을 비롯하여 특히 꿈 작업도 자기 체험을 촉발할 수 있다. 우리의 영혼은 꿈에 보인다. 영혼은 우리가 자신만의 집을 통과하게 해 준다. 영혼은 과거를 떠올려 주고 어린 시절로 데려간다. 영혼은 향기를 맡게 해 주지만, 무엇보다도 과거의 느낌이 우리 안에 생생하게 살아 있다. 꿈이 알려 주는 메시지 덕분에 우리는 더욱 풍요로워지며 자신을 더욱 폭넓고 깊이 알게 된다. 여기서 자기 인식이 아주 중요한데, 이는 단순히 자신을 아는 것 이상을 의미한다. 자기 인식은 자아를 깊게 체험하는 것과 짝을 이룬다. "너 자신을 알라."는 말은 "네 자아를 알라."는 말로 확대된다.

꿈은 영혼의 언어이다. 꿈은 우리 자신에 대해 뭔가 말해 주려 한다. 우리가 빙산의 일각으로만 만족하지 않고 실제로 우리 자신에 대해 알려고 할 때, 꿈은 정보를 쏟아 내는 최적의 샘이다. 꿈은 우리가 빙산의 거대한 나머지 부분을 찾아내서 접촉하도록 도와준다. 이 거대한 부분이 바로 우리 자신을 형성하는 것이다. 우리가 보이는 것에만 국한되지 않도록 꿈은 거듭거듭 알아차리게 해 준다. 눈에 보이는 것은 표면적인 것, 외적인 것에 지나지 않는다. 이런 외적인 면은 우리를 이루는 전체 가운데 극히 일부분에 불과하다. 우리는 마치 자신에게 어제와 오늘, 시작과 끝, 태고와 영원을 이어 주는 거대한 발판 위에 서 있는 것과 같다. 우리 자신이 바로 발판이다. 내가 의식하는 자아가 그 보이지 않는 정신을 더 많이 먹고, 혼이 불어넣어질수록 점점 더 나 자신이 되어 간다.

자기 체험은 결국 내가 자아와 만나도록 이끌어 준다. 드디어 나는 내면에 확고한 이유를 가지고 있다는 것을 예전보다 더욱 또렷이 지각한다. "자기 체험은 확고부동한 이유, 곧 육체적 죽음조차 건드리지 못하는 영원永遠의 토대 위에 굳건히 서도록 본인이 느끼는 것"이라고 융의 제자 마리-루이제 폰 프란츠Marie-Louise von Franz는 말했다.

혼자 있는 것을 견디기 어려워하는 사람들은 대부분 자신의 참자아와 만나지 못한다. 그런 사람 가운데는 특히 남들의 요구에 자신을 맞추려는 성향을 지닌 이들도 있다. 이런 사람들은 인격체로서의 자기 가치와 의미를 주로 다른 사람들을 만족시키는 데서 찾는다. 이들은 성격이 과민하고 민감하게 반응하며 쉽게 상처받는다(하르트Hart, 1977). 다른 사람들을 만족시킬 수 없을까 봐 늘 노심초사하며 자신의 진짜 얼굴을 숨긴다. 자신이 남들의 기대에 부응하지 못하는 것을 견뎌 낼 힘이 없기 때문에 움츠러든다. 이런 부류의 사람들은 인정하고 존중하고 사랑하며 친밀함을 경험하는 게 아니라, 이 소중한 가치들을 포기한 채 혼자만의 세계에 갇히고 만다.

 자신과 만나지 못하는 사람들 가운데는 자신의 자아와 타인의 자아를 구분하지 못하는 이들도 있다. 이런 사람들은 상대방을 자아의 대용물로 이용한다. 동시에 다른 사람이 혼자 있는 것도 존중할 줄 모른다. 한 예로 앨리스의 가정을 들여다보겠다. "나는 우리 가족을 보며 가정에서는 고독 체험이 무척 어렵다는 것을 점차 깨달았다. 엄마는 고독을 체험할 기회가 전혀 없었다. 엄마가 가시거리 밖에 계신 것을 아빠는 견디지 못하시기 때문이다. 엄마는 주방에서 음식을 만드시는데, 아빠는 텔레비전을 보면서도 엄마를 끊임없이 부르신다. '클라라, 이리 와서 같이 봐요.' 아빠는 맨 정신으로 있는 것을 좀처럼 참기 어려워하셨다. 아빠에게는 늘 막연한 불안이 따라다녔다. 아빠의 이런 면을 엄마는 잘 받아들이셨다. 엄마가 책을 읽고 계셔도 아빠는 그냥 놔두지 않으셨다. 엄마가 당신을 쳐다보지 않는 것조차 참을 수 없으셨던 것이다."(다우릭, 1995)

자아 발견의 의미

나 자신의 내적 실재實在를 지각할 때, 남에게 어느 정도 다가갈지 아니면 거리를 둘지 스스로 결정할 수 있다. 따라서 고독 체험은 진정한 나 자신이 되어 가는 과정을 촉발하는 신호로 이해될 때도 많다. 그런 다음에 나의 불완전한 자아가 결연히 나타나며 완성을 향해 나아간다. 다른 사람들과 만나면서 자아실현이 촉진될 수 있다. 여기서 만남은 도전으로 나타날지도 모른다. 그러나 내가 다른 사람에 의해 흔들리지 않고 먼저 나를 철저히 체험하는 것이야말로 중요한 일이다. 그 밖에 내 안에 잠재된 가능성들을 침체시키고 자신이 경험하지 못한 동경에 대한 충족을 타인에게 기대했다는 결과를 바라보면서, 다른 사람들을 통해 나의 부족함을 알려고 부단히 노력해야 한다.

우리 자신을 형성하기 위해서, 더불어 우리가 누구이고 무엇을 원하는지 알기 위해서는 발달심리학적 측면에서 정체성을 발견하는 시간이 중요한 역할을 한다. 정체성을 발견하는 시간은, 먼저 자신의 꿈과 운명과 소명과 맞닥뜨려

보고 이 작업이 잘될 경우에 자신을 발견하도록 집중하는 시간이다. 청소년에게는 점차 확고한 자아상을 세우고 고유한 정체성을 형성하는 시간이다. 우리는 자신이 누구이고 무엇을 원하는지 점점 더 또렷이 깨닫게 된다. 여기서 중요한 것이 무엇인지에 대해 헤르만 헤세가 시로 적절히 표현했다. "순간 느꼈네. 내 마음에 수정이 있다는 것을. 그리고 알았네. 그게 바로 나의 자아라는 것을."

정체성을 발견하는 시간은 위기와 연관될 때도 더러 있다. 그러나 지금껏 나를 받쳐 주고 나를 각인한 것에서 될 수 있는 한 멀리 떨어지는 자세가 중요하다. "네 고향과 친족과 아버지의 집을 떠나, 내가 너에게 보여 줄 땅으로 가거라."(창세 12,1) 어느 특정한 시기에 이르면 불확실함으로 각인된 단계로 들어가서 내가 더 많이 접촉할 게 있다. 곧 나의 자아를 이루는 것, 그리고 내가 누구이고 무엇을 원하는지 자신이 아는 것과 접촉해야 한다. 정체성을 제대로 발견하려면 위기 양상으로 진행될 수밖에 없다. 위기에 이르러서야 비로소 나는 내 것이 아닌 것을 툭 내려놓고 진짜 내 것을 찾을 수 있다. 그런데 이와 달리 정체성이 위로 올라오는 경우도 있다. 나를 둘러싼 주변 세계가 나에게 어떤 모습을 원하는지 성찰하는 과도기 없이 머물 때가 바로 그렇다.

 내게 적합한 방식으로 사는 것이 어떻게 보이는지 신호를 보내는 저 목소리와 느낌에 대해 깨어 있는 자세도 정체성을 발견하는 과정이다. 나는 내면에서 애인을 만들고 싶고 결혼하고 싶은 마음을 감지하는가? 아니면 싱글로 살고 싶은 동경이 있는가? 여기서 자신이 성적으로 어느 방향인지 더욱 명확히 찾아내는 일도 중요하다. 성 정체성이 확실하다면 그 마음을 시인하고 받아들여야 한다. 이 말은 동성애자들에게도 적용된다. 헨리 나웬에 따르면, 이성애와 마찬가지로 동성애도 인간의 내적 삶의 핵심과 관련되기 때문이다. "그리고 본인에게 동성애적 느낌이 없다고 주장하는 사람은 마치 심장 없이도 살 수 있는 것처럼 행동하기"(1971) 때문이다. 이 말은 동성애를 무시한다는 것만 뜻하지 않는다. 이런 사람들에게는 가장 내적인 친밀감, 사랑하고 관계를 맺는 능력, 봉사, 헌신이 모두 함께 배양되는 샘물이 솟아나지 않는다.

 나 자신과 만나고 나를 독립된 인격체로 체험하려면 자

신만의 공간에 틀어박혀 있지 말고 과감히 박차고 나올 필요가 있다. 내 삶을 혼자서 바르게 살아가려면, 혼자서 중요한 결정들을 내리려면 내가 직접 경험해야 한다. 더 나아가 내게 이로운 것, 내게 중요한 것을 거듭거듭 찾아내야 한다. 내가 살 집을 짓고 아늑하게 느낄 만한 시설을 갖춰놓아야 한다. 내 집이 어떤지, 그리고 다른 사람들과 깊은 내적 관계를 맺고 교류하려면 집을 어떻게 설계하는 게 좋을지 점차 체득해야 한다.

내가 누구이고 무엇을 원하는지, 무엇을 할 수 있는지 등 이 모든 것이 더욱 확실해질 때, 다른 사람들과 깊은 내적 관계를 맺을 수 있는 전제 조건들이 더욱 유리해진다. 내가 원하는 사람이 누구인지 정확히 아는 사람은 분명 자기편에서 먼저 마음을 활짝 열고 성큼 다가갈 수 있다. 반면에 정체성을 아직 찾지 못한 사람은 움츠러들고 유보한 채 남들과 관계할 뿐이다. 이런 사람은 자신을 정확히 알지 못하고 한계가 있기 때문에, 다른 사람들이 자기를 '잡아먹을까 봐' 안절부절못할 때가 많다. 따라서 피상적인 관계만 유지할 뿐이다.

정체성 발견을 잘하는 것이 결국 관계를 맺는 능력의 근본 조건이 된다. 자신의 정체성을 찾지 못하는 한, 세상과 주변 사람들을 바라보는 시선도 바르지 않다. 본인이 세상으로부터 아직 독립하지 못해서 세상과 뒤얽히고, 세상에 의해 각인된 것처럼 보인다. 그 결과, 자신이 생각하고 느끼고 믿는 것과 다른 사람들이 본인에게 똑같이 기대하는 그러한 부분을 아직 제대로 구분하지 못한다. 이런 사람은 '가족'이라는 안경을 끼고 주변 세계를 바라보게 된다. 그러나 정체성을 발견한 사람은 자신의 참자아라고 일컫는 것을 형성하고 해명하는 단계에 도달한다. 자신과 주변 세계를 점점 더 명확히 분간할 줄 알며, 다른 사람들이나 자신을 둘러싼 세계에 대해 다가갈지 아니면 거리를 둘지 점차 분명히 결정할 수 있다. 자신이 이 세상에서 딱 하나뿐인 소중한 존재라는 사실을 의식하며 이런 확고한 의식과 함께 관계를 맺는다. 관계는 바로 나 자신이 결정하는 것이다.

자신과 내적 관계 맺기

심층심리학자 융의 저서를 처음 읽었을 때가 아직도 생생히 떠오른다. 그 책에는 나 자신, 즉 참자아와 접촉해야 한다는 내용이 적혀 있었다. 이는 내게 나 자신을 결정적으로 알고 나 자신과 대결하도록 촉구한 문장 가운데 하나였다. 동시에 나 자신과 관계를 맺고 수용하는 능력이 외부에서 이루어지는 모든 인간관계의 근간이 되는 중심점이라는 사실을 깨쳐 주기도 했다. 자기 체험과 정체성 발견 과정에서 일어나는 자기 자신과의 대결이 이에 대한 근본 조건을 이룬다. 더 나아가 나의 내적 영역에 똑같은 주의를 기울이는 것도 근본 조건에 해당한다. 내가 다른 사람들과의 관계에서 무엇을 바라고 그들이 내게 무엇을 원하는지 주목해야 한다.

고독과 함께 등장하는 많은 어려움이 당사자에게 다음과 같은 면을 충분히 의식하지 못하게 가로막는 결과를 초래할 수 있다. 즉, 다른 사람들과 깊은 내적 관계를 맺는 능력이 자기 자신과 내적 관계를 맺고 자신과 만나며 자신을 아는 것에 달려 있기도 하다는 점을 의식하지 못할 수 있는 것이다. 우리는 다른 사람들과 의미 있는 관계를 맺어야 할 뿐만 아니라 우리 자신과도 깊은 내적 관계를 이뤄야 한다. 충만하고 만족스러운 삶을 살려면 자신과 맺는 관계가 다른 사람들과 맺는 관계 못지않게 중요하다.

내가 나 자신과 소통하지 않을 때, 내 옆이나 내 안에 있지 않을 때, 나 자신과 친밀할 수 없을 때 다른 사람들과도 관계를 맺지 못하거나 가까워지기 어렵게 된다. 이 말은 사적인 관계뿐만 아니라 직장 내의 인간관계에서도 적용된다. 다른 한 사람에게 향하는 나의 내면성의 크기는 자신에게 향하는 내면성의 크기에 달려 있다. 그러나 내가 스스로를 제대로 알 때만이 나 자신에게 향한 내면성을 지닐 수 있다.

한 예를 들겠다. 어느 날, 쉰 살 된 남자 수도사가 찾아와 수도회를 떠날 생각이라고 털어놓았다. 그는 자신이 속한 공동체가 얼마나 불편한지 이야기하면서 자신에게 따뜻한 관심이 없다고 한탄했다. 동료 수도자들이 맡은 소임을 제대로 하지 못할 뿐만 아니라, 하루에도 수차례 기도하지만 실제로는 통교하지 못한다고 여겼다. 그가 속한 공동체에 내면성과 통교가 좀 부족해 보이는 것은 사실이었다. 여러 수도자에게서 민감하지 못한 면을 발견함에 따라, 이 수도 공동체에서는 친밀함을 느끼기가 쉽지 않다는 것도 확연히 드러났다. 그 수도자의 말은 어느 정도 사실이었다. 그러나 단순히 수도회를 떠나는 것만으로 관계와 친밀함, 우정을 주고받는 것 등을 실현할 수는 없다는 것 또한 본인이 분명히 깨달았다.

그 수도자는 점차 자기 안에 공백이 크다는 것을 확실히 알게 되었다. 자신에게 따뜻하고 사랑스러운 마음이 별로 없다는 것을 알아차린 것이다. 그는 자신이 느낀 내적 공백을 늘 덮으려고 애썼다. 자신의 주변, 특히 동료 수도자들로부터 주목받기를 기대하면서 내적 공백의 문제는 보지 않으려 했다. 물론 동료 수도자들이 그를 위해 더 많은 것을 해 줄 수도 있었을 것이다. 그러나 당사자가 내면에서 감지하는 결핍을 그들만으로 대신할 수는 없다.

이 경우, 그 수도자가 성급히 수도회를 떠나기 전에 스스로 작업해 볼 게 있다. 자기 자신에게 더 내밀하고 애정 깊은 면을 발전시키기 위해 할 수 있는 일이 무엇인지 더욱 정확히 알아내는 것이다. 자기 내면의 정원을 스스로 찾아내야 한다. 먼저 본인 스스로 풍요로움과 활력을 발견해야 한다. 공동체에 이 두 가지가 없다고 무척 한탄했던 그 수도자는 동료 수도자들로부터 그것을 받으려 했다. 하지만 본인이 먼저 직접 찾아나서야 한다.

그러나 자기 자신에 대해 깊은 애정을 지니고, 자신을 염려하며, 자신의 소중한 근본 욕구를 바라보고, 이 욕구를 온당하게 분별할 수 있어야 비로소 작업이 가능하다. 이 말은 자신과 애정 깊게 만나는 것을 가로막은 과거의 여러 사건들로부터 자유로워진다는 뜻이기도 하다. 여기서 그 수도자가 한 걸음 더 나아간다면, 수도회를 떠나는 것이 과연 옳은지 다시 한 번 자문해 볼 필요가 있다. 그런 다음 공동체에서 계속 살거나, 아니면 다른 관계를 이루면서 살 수도 있다. 이제는 주변에서 자기에게 주지 못하는 것을 더 이상 기대하지 않고도 살 수 있다.

내가 혼자 있음을 잘 견디는지 못 견디는지는 자신과 맺는 관계의 크기와 내면성에 따라 결정적으로 좌우된다. 나 자신과 실제로 만나지 못하거나 나 자신에 대해 부정적 느낌으로 각인된 관계를 이룰 때는 고독을 견디기가 한층 어려워진다. 내 분수에 만족하지 못하고, 내 곁에 뭔가 없음이 한탄스럽다. 나를 지탱하지 못하거나 나와 함께 있는 상대를 참지 못한다. 나에게 없는 것, 나조차 자신에 대해 느끼지 못하는 것을 내게 줄 수 있는 누군가를 필요로 한다. 이런 사람은 나만을 위한 시간이 있다는 것, 오로지 나 자신과 시간을 보내는 것을 특권으로 여길 수도 없다.

페트라는 미용사로 일하며 하루 종일 사람들 가운데 묻혀 지낸다. 일이 끝나면 보통 저녁에 바bar나 클럽에 간다. "나 자신과는 시간을 보내기가 싫어요. 지루하거든요. 무엇이 나를 그토록 따분하게 하냐고요? 물론 나 자신이죠. 나는 바에 있거나 모임에 참가하면 생기가 넘치지만, 혼자 있으면 지루해요. 김빠진 맥주 같아요. 그래서 절대로 혼자 있지 않을 거예요. 그리고 싶지도 않고요. 나는 잠시라도 혼자 있고 싶지 않아요."(다우릭, 1995)

페트라는 늘 혼자이다. 집에서도 혼자 있다. 혼자 집으로 돌아가는 것도 두렵다. 그래서 혼자 있는 것을 피하려고 기를 쓴다. 혼자 있을 때 주변에 아무도 없다는, 자기 말고는 아무도 없다는 체험을 하기가 두려운 것이다. 페트라는 지금껏 자기 자신과의 대결, 그리고 자아는 물론 깊은 내적 영역과 접촉하기를 피해 왔다. 그러나 내 정원을 정성들여

가꾸고 돌보면서 어떻게 하면 안락한 공간으로 만들까 하고 애쓰지 않는 한, 즉 내적 영역을 간과하는 한, 어디서든 나 자신과 만나지 않으려고 안간힘을 쓰게 될 것이다. 그런데 만남을 통해 행복, 소속감, 만족을 맛보려면 먼저 공명판이 있어야 한다. 바로 나의 내적 공간이 그것이다. 내가 내 안에 있는 이 영역을 인정하지 않는 한, 살기 좋게 꾸며 놓고 기쁜 마음으로 방문하지 않는 한, 다른 사람들과 관계를 쌓으려는 갈망은 결코 물러서지 않고 계속될 것이다. 말하자면 내가 더 충만한 행복을 누리기 위해 디딜 만한 발판이 내 안에 마련되어 있지 않는 한, 흡사 밑바닥 없는 나무통과 같은 꼴인 셈이다. 그러면 내 주변은 물론 나와 함께 무슨 일이 벌어지더라도 깊은 영향을 미치지 못한다. 행복과 공동체, 관계를 경험하려고 제아무리 애쓸지언정 피상적인 일에 그치고 만다.

이런 의미에서 자기 자신과 관계를 맺고 지속하기 위해 시간을 내는 일은 매우 유익하고 중요하다. 이제 나의 가장 은밀한 내면으로 들어가 드디어 자기 자신과 만나며 그곳에 머문다. 코미디언이자 국민 배우인 카를 발렌틴Karl Valentin의 말을 인용하겠다. "오늘 나는 나를 찾아갈 생각이다. 나 자신의 집에 머물고 싶다." 나 자신과의 관계를 지속하는 일은 다른 인간관계를 지속하는 일만큼 중요하다. 발렌틴의 말에는 긍정적인 혼자 있음의 근본 요소가 표현되어 있다. 내가 나 자신의 집에 머물 때, 내가 나 자신과의 관계를 발견할 때 비로소 다른 사람의 집도 발견할 수 있다.

자신을 아는 연습, 자신을 심화하는 연습

다음과 같이 연습해 보면 나 자신과 더 깊이, 더 자주 만날 것이다.

먼저 편하게 앉아서 눈을 감고 긴장을 풀어라.
그리고 자신에게 말하라.
나는 몸이 있다. 그러나 내가 몸은 아니다.
내 몸은 건강하거나 병들었을지도 모른다.
내 몸은 푹 쉬었거나 피곤할지도 모른다.
그러나 이런 다양한 몸 상태는 나 자신,

참자아와는 아무 관계가 없다.
나는 내 몸을 바깥세상에서 경험하고 활동하는 데 필요한
값진 도구로 여긴다.
그런데도 내 몸은 도구에 불과하다.
나는 내 몸을 소중히 다룬다.
나는 내 몸을 돌보고 건강을 유지하기 위해 애쓴다.
그런데도 몸이 나 자신은 아니다.

나는 몸이 있다. 그러나 내가 몸은 아니다.
나는 그 이상이다.
나는 감정이 있다. 그러나 내가 감정은 아니다.
내 감정은 양상이 다양하다.
감정은 수시로 변하고 서로 모순될 때도 많다.
사랑이 미움으로, 짜증이 분노로,
기쁨이 고뇌로 바뀌면서 변한다.
그런데도 나의 본질, 참모습은 바뀌지 않는다.
나 자신, 참자아는 변하지 않은 채 있다.
화나 분노가 나를 삼킬지언정
이는 일시적인 감정임을 나는 잘 안다.
내가 화는 아니다.
나는 내 감정을 관찰하고 이해할 능력이 있기에

감정을 주도하고 이용하며
조화롭게 통합하는 법을 배울 수 있다.
감정이 나 자신은 아니라는 것을 분명히 알았다.

나는 감정이 있다. 그러나 내가 감정은 아니다.
나는 그 이상이다.
나는 지성과 정신이 있다.
그러나 내가 지성이나 정신, 생각은 아니다.
나의 지성은 귀중한 도구이다.
탐구하고 표현하는 데 없어서는 안 될 도구이다.
그러나 지성이 내 존재의 본질은 아니다.
지성의 내용은 바뀌고 생각도 변한다.
나는 새로운 아이디어와 지식과 경험을
끊임없이 받아들인다.
나의 지성은 때로 내게 순종하는 것을 거부하기도 한다.
그런 까닭에 지성이 나 자신, 자아일 수는 없다.
지성은 인식 기관이다.
지성의 작용으로 바깥세상뿐만 아니라
내면세계도 알 수 있다.
그러나 지성이 나 자신은 아니다.

나는 지성이 있다. 그러나 내가 지성은 아니다.
나는 그 이상이다.
나의 가장 깊은 내면을 형성하는 것은
몸도, 감정도, 생각도 뛰어넘는 것이다.
그 실체는 나를 지탱하고 나를 철저히 형성하며
변하지 않고 내 안에 있는 저 영역, 나 자신이다.
내 안에 있는 이 영역에서
나는 사람들과 관계를 맺으려고 애쓴다.
이 영역을 지각하며 실제로
내 안에서 활동하도록 전력을 다한다.
내 안에 있는 저 영역이 나의 토대를 이룬다.
이 영역에서 나는 자신을 가장 많이, 가장 강하게 표현한다.

나는 몸이 있고 감정이 있고 생각이 있다.
그러나 나는 몸 이상이고 감정 이상이며 생각 이상이다.

- 「Psychosynthese für die Praxis. Grundlagen, Methoden, Anwendungsgebiete실습을 위한 심리 통합. 기초와 방법, 응용 범위」(자샤 됭게스Sascha Dönges 외, München, 2005)

3

혼자 있음과 자존감

> 자신을 완전히 사랑할 때, 그리고 자신이 불완전한 존재라는 것이 정상이라는 사실을 알 때 자기 영혼을 날마다 가꿀 수 있다. 비로소 자신을 있는 그대로 받아들일 수 있다.
>
> | 엘리자베트 퀴블러-로스 Elisabeth Kübler-Ross

긍정적 자존감, 부정적 자존감

심리치료사 버지니아 사티어Virginia Satir는 건강한 자존감을 가득 찬 항아리에, 낮은 자존감을 빈 항아리에 비유한다(1982). 자기존중감은 우리 안에 있는 발판이나 주춧돌에 견줄 수 있다. 인생을 어떻게 살아갈지, 자신이나 다른 사람들과 어떤 관계를 맺을지는 자기존중감의 상태에 따라서 좌우된다. 내 감정과 관점이 나 자신에게 어떻게 보이는지도 자기존중감의 상태에 달려 있다. 이런 요인들이 긍정적일 때 자신에 대해 사랑과 호의로 각인된 관점과 감정이 생긴다. 만약 그렇지 않다면 거부와 유보가 내 관점과 감정을 결정한다.

긍정적 자존감을 지닐 때 자신의 입장을 정할 수 있고, 내가 디딘 땅에 뿌리내렸다고 느끼는 동시에 하늘을 향해 가슴을 쭉 펼 수 있다. 나는 나 자신에게 확신과 신뢰를 가지며, 내 안에서 쉰다. 나의 가장 깊은 내면과 만나고 나를 통해, 내 깊은 곳을 통해 내 삶을 바라본다. 내 존재를 결정하는 데 있어 겉으로 드러나는 측면에서 보는 것이 아니다. 긍정적 자존감을 지닐 때 자신을 수용하고 나에 대해 "좋다"고 자신 있게 말할 수 있다. 나는 나 자신에 대해 따뜻하고 진실한 마음을 느끼며 좋은 관계를 이룬다. 이 모든 것이 좋고 풍요로운 인간관계를 맺으며 살아갈 수 있는 전제조건이 된다. 자존감이 건강하면 다른 사람들을 피하지 않는다. 나는 의식하고 내적으로 확신하며 다른 사람들에게 다가갈 수 있다. 남들을 나처럼 소중하고 사랑스럽게 여기며, 뭔가를 제공하고, 내가 그 자리에 함께 있다는 것 자체로 그들을 풍요롭게 해 줄 수 있다. 동시에 나는 그들의 인정과 호의, 성향, 사랑을 받아들이고 그 사실에 대해 기뻐할 수 있다. 내가 나 자신을 받아들이고 사랑하니까.

반면에 자존감이 낮으면 자신을 무가치하게 여기고 사랑하지 못한다. 스스로를 보잘것없는 존재라고 생각하며 결국 자신을 경멸하고 만다. 나에 대해 실제로 "좋다"고 말할 수 없거나 자신을 수용할 수 없다. 자신을 초라하고 쓸모없다고 여기기 때문에 이웃에게 다가가서 기대 볼 용기도 없다. 차라리 그들 옆을 살그머니 지나가서 한 귀퉁이로 도망친다. 예컨대, 나는 호감이 가는 그 남자 혹은 그 여자가 그리워 죽을 지경이다. 그런데도 감히 내 마음을 고백하지 못한다. 자기 자신, 생각, 소원, 지식, 재능을 억누른다.

그 때문에 자신은 세상에서 혼자라고, 외롭다고 느끼며 동경에 가득 차서 뭔가를 기다리는 사람으로 재발견될 때가 많다. 그런 사람은 누군가 자기에게 다가와서 자기를 발견하고 곤경에서 구출해 주기를 간절히 고대한다.

내 안에 있는 보물

자기존중감, 즉 "자존감"을 뜻하는 독일어 'Selbstwertgefühl'을 분석해 보면 우선 "자기, 자신"을 뜻하는 'Selbst'라는 낱말이 들어 있다. 이렇듯 긍정적 자존감을 지니려면 자기 체험 과정에서 스스로를 궁극적으로 형성하는 것이 자신에게 더 유익하도록 애써야 한다. 이 작업은 꿈이나 다양한 형태의 자기 체험 혹은 그룹이나 일대일로 상담자와 마음을 터놓고 대화하면서 이루어질 수 있다. 그리하여 깊은 심층으로 나아감에 따라 점점 더 나 자신과 만나게 된다. 자신을 독립적인 인격체, 중요성과 의미를 지니고 저 깊은 곳에 정박한 인간으로서 체험한다. 이제는 외부에서 다가온 대상에게 나를, 나 자신을 내밀 수 있다. 그 어느 것도 나를 빨리 쓰러뜨리지 못한다.

"자존감"을 뜻하는 'Selbstwertgefühl'이라는 독일어에는 "가치, 존중"을 뜻하는 'Wert'라는 낱말도 들어 있다. 여기서는 특히 다음과 같은 가치를 의미한다. 즉, 내가 쌓은 업적과 상관없이, 다른 사람들의 눈에 가치 있는 존재로 보이는 것과 무관하게 나는 인간으로서 대단히 소중한 가치를 지닌다는 것이다. 나는 가치 있는 존재다. 이 본질적 가치는 획득되는 게 아니다. 내가 아무리 부족하고 낙담했더라도 나는 근본적으로 가치 있는 존재다. 내 안에는 누구도 건드릴 수 없고 파괴할 수 없는 보물 같은 그 무엇이 존재한다. 아무도 내게서 그 보물을 가져가지 못한다. 나의 가치는 이른바 외적 가치에 좌우되지 않는다. 나는 당당하게 말할 수 있다.

내가 받는 급료는 형편없다.
그러나 내가 급료는 아니다.
나는 외모가 그다지 준수하지 않다.
그러나 내가 외모는 아니다.
나는 아직 훈장을 받은 적이 없다.

그러나 나의 가치는 훈장에 좌우되지 않는다.
내 집은 크지 않다.
그러나 나는 집 이상이다.
나는 멋진 고급 스포츠카를 몰지 않는다.
그러나 나는 스포츠카 이상이다.
나는 있는 그대로
사랑스럽고 가치 있고 유일무이한 존재다.

내 안에 있는 이 보물과 만나고, 나 자신과 내 삶을 이 가치에 따라서 바라보고 판단하며, 외부의 반응에 흔들리지 말아야 한다. 나의 가치는 지적인 능력이나 외적인 부, 성공 따위로 좌우되지 않는다.

나 자신과 진실한 관계 맺기

끝으로, "자존감"을 나타내는 'Selbstwertgefühl'이라는 독일어에는 "느낌"을 뜻하는 'Gefühl'이라는 낱말도 들어 있다. 여기서는 내가 나 자신에 대해 어떤 느낌을 지니는지를 의미한다. 내가 스스로를 어떻게 생각하고 바라보는지가 우선시될 필요는 없다. 중요한 것은 내가 나 자신과 맺는 관계를 어떻게 느끼느냐 하는 것이다. 예컨대 스스로에게 이렇게 물을 수 있다. 나는 나 자신과 긍정적이고 따뜻한 관계, 사랑이 뒷받침되는 관계를 맺고 있는가? 나는 나를 사랑하는가? 나는 나 자신에 대해 진심으로 "좋다"고 말할 수 있는가?

건강하고 긍정적인 자존감을 지니려면 다른 사람과 사랑하는 관계이듯 나 자신과도 사랑하는 관계를 맺어야 한다. 내가 나를 사랑할 수 없고 나 자신을 온전히 수용하지 않는다면 다른 사람을 사랑하는 것도 힘들어지게 된다. 여기서 나 자신과 관계 맺는 일이 다른 사람들과 관계 맺는 일보다 앞서거나, 두 가지 작업을 함께해야 한다는 것이 확연히 드러난다. 그러나 나 자신과 관계 맺기 위해 진력하는 일이 선행되어야 한다. 다른 사람들에게 성급히 신경 쓰거나 나만을 위해 스스로 할 수 있는 일을 남이 해 주었으면 하고 기대하는 것이 먼저가 아니다.

내가 나 자신과 우호적인 관계를 맺지 못하는 한, 남에게 다가가기란 어려운 일이다. 나는 그 어떤 사람을 몹시 그리워한다. 내게는 없는 것, 나 자신에게서는 느끼지 못하는 것을 내게 줄 수 있는 사람이 사무치게 그립다. 나는 사랑하고 싶고 받아들여지고 싶다. 오로지 나를 위해 존재할 누군가를 갈망한다. 그러다 내가 열망하는 것을 얻지 못할 때 좌절하는 단계까지 치달을 수 있다. 혼자 있음이 마치 사형 선고라도 되는 것처럼.

낮은 자존감이 혼자 있게 되거나 고독해지는 이유가 될 수 있다(사티어, 1982). 자기 자신을 못나고 하찮은 존재로 여기기 때문에, 이웃 가운데 자기를 속이는 사람이 있을지도 모른다고 추측한다. 다른 사람들 앞에서 자기를 지키고 변호하기 위해서 불신의 벽 뒤에 숨기도 한다. 사람을 옥죄는 불안이 모습을 드러낸다. 불안은 라틴어로 '앙구스티에angustiae'라고 하는데, "편협함" 정도로 번역해도 괜찮겠다. 불안이 등장하면서 바깥세상뿐만 아니라 자기 자신에게서도 소외되었다고 느낀다. 그러나 실제의 자신과는 만나지 않았다.

반면에 내가 나 자신과 긍정적 관계를 이룰 때 혼자 있는 것을 향유하는 경우도 간혹 있다. 그 때문에 혼자 있는 것이 형벌처럼 느껴지지 않았음을 나는 잘 안다. 나는 혼자 있음을 다른 시각으로 바라볼 수도 있다. 나를 위해 시간을 내고 나 자신과 맺는 관계에 대해 기뻐한다. 내가 다른 사람들과 충돌하거나 격리되었다고 생각하지 않는다. 나는 내 곁에 가까이 있는 사람들을 잘 안다. 내가 사람들을 사귀고 유대를 강화하고 지속할 능력이 있다는 것을 잘 안다. 따라서 혼자 있는 것이 내게는 기쁨의 원천이 된다. 나는 스스로에게 의존하지 않는다는 사실을 지각하고, 내 삶을 형성하고 관계를 구축할 능력이 있다는 것을 잘 안다.

자신을 사랑하며 고독을 극복하기

자신을 사랑할 때 혼자 있음을 이겨 내려는 갈망은 막강한 원동력이 될 수 있다. 우리는 사랑하는 사람과 삶을 나누고 싶어 한다. 살면서 자신에게 가장 소중하고 의미 있는 사람이 적어도 한 명쯤은 생기기를 기대한다. 이런 사람과 만나면서 마음이 넓어지고 싶다(뮐러, 2001 참조). 자신을 사랑할 때 기적이 일어난다. 수많은 사람 가운데 두 사람이 만나 서로 마음이 끌리는 기적이 일어난다. 두 사람은 만나서 함께 있고 싶다. 그리하여 함께 있음과 통교, 친밀함, 공동체를 새로운 차원에서 경험한다. 함께 있음의 새로운 체험을 부모나 지인, 친구와 하기는 어렵다. 선택된 사람들만이 그 체험을 중재할 수 있다. 선택된 사람이란 내면 깊은 곳에서 나와 만나고 내 안에 잠재된 면을 일깨워 주는 사람이다. 내가 호소하고 싶고 채워지기를 갈망하는 면을 그 사람이 일깨워 준다.

자신을 사랑할 때 내면에 있는 '구원받지 못한 부분'도 종종 나타난다. 이는 '오직' 이성과의 만남을 통해서만 구원될 수 있는 부분이다. 혹시 동성애자라면 같은 성을 통해서만 구원될 수 있는 부분이다. 내 안에는 완전한 존재가 되고 싶은 열망이 있다. 자신을 사랑하는 가운데 내 안에 있는 한 부분, 다시 말해 나 자신 안에 머물고 싶지만 아직 그 단계에 이르지 못한 부분에 주의를 기울일 수 있다. 한 예를 들어 보겠다.

한나는 마태오를 죽도록 사랑한다. 마태오 역시 한나의 애정에 보답하지만 다른 여자들과도 계속 사귄다. 한나는 이 일로 무척 상처 입고 고민했으나 사랑을 떠나지 못한다.

마태오가 사랑의 맹세를 해도 실망은 계속된다. 어느 시기에 이르자, 한나는 자신이 놓쳐 버린 것은 마태오가 아니라 자기 내면의 한 부분, 곧 자신이 아직 만나지 못한 부분이라는 사실을 깨달았다. 한나에게는 이런 상황에서 외부에서 내부로 전환하는 과정이 필요하다. '구원'을 외부에서 기대할 필요는 없다. '구원'은 내부에서 온다(다우릭, 1995 참조).

자기 사랑에 숨어 있는 에너지는 우리 자신의 생명력을 상기시키며 힘차게 살라고 우리에게 요청한다. 그렇게 하려면 내 삶에 새로운 것을 허용하고 마음이 넓어지며 탈바꿈하는 과정이 먼저 필요하다. 변화는 역동적인 것이다. 애벌레가 나비가 되려면 먼저 촘촘해진 껍질이 깨져야 한다. 허물을 벗는 수고가 따른다. 인내가 필요하다. 이 말은 내가 고통의 시간을 허용해야 한다는 뜻이다. 사랑의 대가를 받지 않으려 할 때 수반되는 고통을 받아들여야 한다. 이 시간을 견뎌 내야 한다. 나는 자기 사랑 체험이 아무런 효과나 영향 없이 헛되이 끝나기를 바라지 않는다. 참아 내는 시간은 본디 성장하는 시간이다. 감내하는 가운데 우리의 영혼에 결정적인 변화의 과정이 펼쳐진다. 드디어 자신의 참자아와 만나고 독립적인 인격체가 형성된다.

그 다음에는 애인에 대한 상상이나 사랑과 인생에 대한 환상과도 작별해야 한다. 자신을 펼치고 변신하는 데 있어 앞을 가로막는 옛 허물을 벗어 버려야 한다. 우리가 마땅하다고 생각한 존재가 되고, 마침내 진정한 나 자신이 되도록 진력해야 한다. 이 작업에는 대부분 고통이 뒤따른다. 영적 고통이다. 우리 안에서 많은 것이 일어나고 바뀌고 있음을 증명하는 고통이다.

자기 사랑에는 사랑의 기쁨과 고뇌가 밀접히 연관되어 있다고들 한다. 이 말은 헛된 것이 아니다. 천국과 지옥, 부활과 죽음은 긴밀한 관계를 이룬다. 우리는 자신의 밑바닥과 접촉하면서 참자아를 만난다. 기쁨, 행복, 자유, 지복뿐만 아니라 슬픔, 고통, 좌절과도 실제로 관여할 때 비로소 우리를 근원적으로 형성하는 차원에서 자신과 만나게 된다.

자기 사랑 - 자존감을 찾는 시간

 자신을 사랑하는 시간은 내면의 생명 에너지와 접촉할 수 있는 기회이다. 그러나 가상이든 실제이든 자신의 부족함이나 약점과 대질하는 시간이기도 하다. 나아가 시험대에 올라 자존감을 측정하는 시간도 된다. 나는 사랑하는 사람의 눈에 사랑스럽게 보일까? 나는 사랑하는 사람에게 기회를 주는가? 내가 있는 그대로 보이는 것처럼 내 몸, 내 코도 그럴까? 내가 옷을 입는 방식도 그럴까? 그러나 무엇보다도 나는 있는 그대로 사랑스러운 존재일까?

 내가 자신에게 부여한 가치, 내가 사랑스러운 존재라는 것과의 대결은 온갖 형태의 자기애와 연관될지도 모른다. 이런 도전에 응하는 자세가 필요하다. 나는 자존감을 내세우지 않는다고 확신할지도 모른다. 그러나 이제 더 이상 거짓 자아에 속지 말고 현실과 대면해야 한다. 현실은 자신의 공허나 흐릿한 부분일 경우가 많다. 사람들은 내면에서 이를 감지하지만, 이 부정적인 면이 자기 사랑의 원동력이 되기도 한다. 사랑하는 사람은 내 공허를 채워 주거나 내 흐릿한 부분에 한 줄기 빛을 던져 주는 태양과 같은 존재이다. 사랑받는 입장에서 확신하듯, 사랑하는 사람만이 내가 절절히 갈망하던 충만을 선사하고 애타게 그리워한 빛을 던져 주면서 나를 행복하게 해 준다. 사랑하는 사람만이 황폐한 느낌, 혼자 있음의 느낌에서 나를 건져 준다. 나는 사랑하는 사람에게 꼭 매달릴 수밖에 없다.

  우리는 누구나 다른 사람들을 통해서도 강건해질 필요가 있다. 사랑받는다는 체험, 더욱이 내가 사랑하는 사람에게서 사랑받는다는 체험이 나를 굳건히 서게 해 준다. 이런 체험은 퍽 유익하다. 건강한 자존감을 지닐 때 꿋꿋하게 설 수 있다. 내가 편안하고 안락하게 느끼기 위해 다른 사람들의 도움이 필요하지 않을 때도 똑바로 설 수 있다. 나는 점차 굳세어지며 이 굳셈을 누린다. 그러나 자존감이 낮은 사람이라면 사정이 달라진다. 이런 사람에게는 자신을 얼마나 가치 있고 사랑스럽게 여기느냐에 따라서 사랑의 대가가 결정된다. 이런 사람은 자신의 사랑이 보답을 받으면서 내적 공허를 떨쳐 냈으면 좋겠다고 생각한다. 이렇게 볼 때, 자기 사랑이 때로는 내면에 깊숙이 뿌리박힌 결핍의 결과일 수도 있다. '사랑의 대상'을 택하는 것은 우리 자신과 관계가 있다. 자기를 사랑하는 사람은 자신의 부족함을 본인에게 숨기지 않고 드러낸다. 한 예를 들어 보겠다. 프란츠는 내면에서 영속적인 공허를 느낀다. 그가 기억하는 한, 이 공허는 평생 지속되었다. 프란츠는 살아오면서 짓눌리거나 우울한 순간들이 많았고, 그 길었던 시간을 생생히 기억하고 있다. 그러다 사랑에 빠지면서 애인을 태양처럼 여겼다. 사랑하는 여인이 그의 인생에 빛을 던져 준 셈이다. 이런 생각이 그를 달콤한 유혹으로 사로잡았고, 드디어 이 여자와 행복한 삶을 살리라는 희망을 품게 했다. 프란츠는 그동안 꿈꿔 오던 행복을 이제야 이룰 수 있게 됐다며 기뻐했다.

그러나 프란츠는 동시에 스스로 자기 인생에 한 줄기 빛을 가져올 일을 해야 한다는 것도 잘 알고 있었다. 자신이 간절히 열망한 일을 해야 한다고 생각했나. 프란츠가 열렬히 사랑하는 페트라에게는, 그의 구원 기대에 다가가는 일만으로도 과도한 요구가 될 것이다. 페트라가 비춰 주는 광선이 얼마 동안은 프란츠에게 열기와 빛을 선사할 것이다. 하지만 그의 내면에서 뿜어 나오는 불을 페트라가 대신하지는 못한다. 그렇더라도 프란츠가 지닌 내면의 불은 페트라를 만나면서 활활 타올랐다. 프란츠는 자신이 그토록 갈망한 저 에너지와 만났다. 그가 아직도 갈망하던 지점에 머물러 있다면 고독을 떨쳐 내기는 어렵다. 아마도 새로 연애하거나 다른 사람들과 관계 맺는 일로 내면의 공허를 메우려고 끊임없이 열망할 것이다. 자신이 긍정적 관계를 이룰 수 있는 내적 자아를 찾지 못하는 한, 세상에 혼자 있다고, 방치되었고 황량하다고 느낄 것이다. 사랑에 숨어 있는 기적의 힘이야말로 배후의 힘을 나타나게 하는 추진력이다.

자존감 측정 테스트

다음 테스트는 당신의 자존감이 어떤 상태인지를 아는 데 도움을 줄 것이다. 이상적인 답은 없다. +72점부터 −72점까지 평가된다. 평가 점수가 마이너스(−) 영역에 있다면 부정적인 자존감을 지녔다는 뜻이고, 플러스 영역(+)에 있다면 긍정적인 자존감을 지녔다는 뜻이다.

다음을 읽고 점수를 기입한다. 각 항목의 내용이 자신에게 해당하지 않으면 0점, 부분적으로 해당하면 1점, 대체로 해당하면 2점, 전적으로 해당하면 3점이다.

 1. 나는 남들보다 가치 있는 존재가 아니라고 여기는 편이다.
 2. 나는 스스로 따뜻하고 사랑스러운 편이라고 생각한다.
 3. 나는 맞닥뜨린 상황에 유연하게 대처하지 못한다는 생각이 종종 든다.
 4. 나는 만나는 사람들에게 대체로 긍정적이고 다정한 느낌이 든다.
 5. 나는 실수나 부족한 경험 때문에 의기소침한 면이 있다.
 6. 나는 죄책감을 느낀 적이 없다.
 7. 나는 자신의 가치와 특기를 증명하고 싶은 욕구가 강하다.
 8. 나는 내면에서 큰 기쁨과 삶에 대한 강한 의지를 감지한다.
 9. 남들이 나를 어떻게 생각하는지, 나에 대해 무슨 말을 하는지 무척 관심이 있다.
10. 나는 다른 사람들이 '잘못할' 경우에 고쳐 주려고 하지 않고 그대로 놔둔다.
11. 나는 인정과 평가에 대한 욕구가 강하다.
12. 나는 큰 혼란이나 갈등, 좌절을 겪은 적이 별로 없다.
13. 뭔가를 잃어버리면 반감이 생기거나 '나는 쓸모없는 존재다.'라는 느낌이 든다.
14. 나는 새로 감행하는 일을 신뢰하는 편이다.

15. 나는 다른 사람들을 판단하는 경향이 있고, 심지어 그들이 벌을 받았으면 좋겠다는 생각도 이따금 든다.
16. 나는 스스로 생각하고 결정하는 편이다.
17. 나는 종종 부유하거나 명망 있는 사람들에게 마음이 기운다.
18. 나는 자신의 행동에 대한 책임과 결과를 떠안을 준비가 되어 있다.
19. 나는 자신의 특정한 이미지를 관리하려고 과장하거나 속이는 성향이 있다.
20. 나는 자신의 욕구와 염원을 적절히 제어할 줄 안다.
21. 나는 자신의 재능과 능력을 비하하려는 경향이 있다.
22. 나는 자신의 생각과 확신에 대해 책임질 준비가 되어 있다.
23. 나는 자신의 잘못과 패배를 부인하거나 변명하고 합리화하려는 습성이 있다.
24. 나는 낯선 사람들 가운데 있어도 대체로 편안하게 느낀다.
25. 나는 다른 사람들에 대해 비판적이며 가끔 그들을 깎아내린다.
26. 나는 사랑, 화, 적대감, 거절, 기쁨 등을 쉽게 표현한다.
27. 나는 다른 사람들이 나에 대해 생각하고 충고하는 것 등에 무척 민감하다.
28. 나는 간혹 다른 사람들을 시기하거나 질투하며, 의심한다.

29. 나는 다른 사람들을 만족시키는 데 무척 신경을 쓴다.
30. 나는 인종이나 종교 단체에 대한 선입견이 전혀 없다.
31. 나는 남들에게 나의 본모습을 숨김없이 보여 주는 것이 부끄럽다.
32. 나는 다른 사람들에게 친절하고 관대한 편이다.
33. 나는 자신의 한계나 문제, 실수를 종종 다른 사람들에게 떠넘긴다.
34. 나는 혼자 있는 것이 싫다. 간혹 외롭거나 고립되었다고 느낀다.
35. 나는 극단적인 완벽주의자이다.
36. 나는 허둥대거나 의무감 없이도 칭찬과 선물을 받을 수 있다.
37. 나는 먹고 마실 때, 담배 피우거나 이야기할 때 남들에게 억지로 맞추는 성향이 있다.
38. 나는 다른 사람들의 성공과 아이디어를 전폭적으로 존중한다.
39. 나는 실수나 실패가 두려워서 새로운 일을 종종 피하는 편이다.
40. 나는 크게 애쓰지 않아도 친구가 생기며 우정을 유지할 수 있다.
41. 나는 가족이나 친구들의 행동 때문에 가끔 당황한다.

42. 나는 자신의 실수와 약점, 실패를 시인할 준비가 되어 있다.
43. 나는 자신의 행동이나 생각, 확신을 변명하고 싶은 욕구가 강하다.
44. 나는 모욕이나 거절을 당해도 섭섭하지 않다. 내 생각이 빗나가고 받아들여지지 않아도 이를 수용할 수 있다.
45. 나는 확인과 동의에 대한 욕구가 강하다.
46. 나는 새로운 아이디어나 상상에 대해 마음이 활짝 열려 있다.
47. 나는 내 자존감을 남들과 비교하여 평가하는 편이다.
48. 나는 머릿속에 떠오르는 모든 생각을 계속 전개시킬 준비가 되어 있다.
49. 나는 떠벌리는 성향이 있다. 자신의 능력이나 성과와 관계된 것을 과장하는 편이다.
50. 나는 자신의 권위를 수용한다.

자존감 측정 평가

먼저 각 항목에 응답한 점수를 합산하되, 짝수 항목(2, 4, 6, 8…)부터 계산한다. 여기서 홀수 항목(1, 3, 5, 7…)에 응답하여 나온 점수의 합계를 뺀다. 이렇게 산출된 수치는 당신의 자존감을 측정하는 결과가 된다.

* 「Emotional Survival정서적 생존」(Brent Q. Hafen / Molly J. Brog, Prentice-Hall, 1983)에서 발췌함.

자존감에 대한 일반적인 물음

1. 나는 나의 자존감과 얼마나 자주 만나는가?
2. 나의 자존감은 어떤 영향을 미치는가?
 - 나와 맺는 관계
 - 내가 자신에 대해 생각하는 방식
 - 내가 스스로에게 취하는 태도
 - 내가 나 자신에 대해 느끼는 방식
 - 내가 내 몸을 소중히 여기는 방식
3. 나의 자존감은 대인 관계에 어떤 영향을 끼치는가?
 - 나는 다른 사람들을 풍요롭게 해 준다고 생각하는가?
 - 나는 다른 사람들에게 줄 것이 아무것도 없다고 생각하는가?
4. 나는 나의 자존감이 어떻게 바뀌기를 바라는가?
 - 나는 이 작업을 어떻게 시도할 수 있을까?
 - 이때 누가/어떻게 나를 도와줄 수 있을까?

4

주변 세계와의 대결 친밀한 관계를 맺는 능력과의 대결

친밀함과 고독은 어느 정도의 자기 인지와 상처를 요구한다. 여기서 자신과 대결하는 면이 큰 영향을 끼친다.

| 스테파니 다우릭

나는 외롭다고 느낄 때 다른 사람들과 깊고 의미 있는 관계가 없다고 한탄한다. 자신이 외톨이라고 생각하는 것이다. 내게는 나를 위해 존재하는 특별한 사람이 아무도 없다. 내가 누군가를 위해 존재하고 싶은데 그런 사람도 없다. 이런 사람이 사무치게 그립다. 이런 사람만 내 곁에 있어 준다면 세상에 더 바랄 것이 없을 것 같다. 하지만 이런 사람이 실제로 존재하는지는 알 수 없다. 내가 그 사람을 찾아낼지, 그 사람이 나를 찾아낼지 상상하기도 어렵다. 오히려 나만의 세계에 틀어박혀 웅크리고 있는 것처럼 느껴진다. 나와 함께 살고 일하는 이웃들, 나와 시대를 같이하는 사람들처럼 주변 세계와는 접촉하지 않고 나만의 세계에 갇혀 있는 것 같다.

이렇듯 내가 나 자신과 대결하는 것 외에 고독과 혼자 있음과 창의적으로 교류하려면, 주변 세계는 물론 친밀한 관계를 맺는 능력과 먼저 대결해야 한다. '주변 세계'란 나와 가장 가까운 주위 사람들, 친척이나 친구들과 맺는 관계를 의미한다. 그러나 일터에서 만나는 사람들, 공동체와 국가에서 함께하는 사람들, 그보다 더 가까운 혹은 더 소원한 사람들도 포함된다. 친밀한 관계를 맺는 능력은 내적이고 지속적인 관계를 맺는 능력을 말한다.

성장 환경의 영향

외로운 느낌은 다른 사람들과 지속적인 관계를 맺기 어려운 상태로 스스로를 내몰 때가 많다. 많은 경우에 유년 시절의 경험이 그 이유가 되기도 한다. 인생의 첫 단계에 신뢰가 잘 발전되었다면, 성인이 되어서도 관계 맺는 능력이 긍정적으로 전개되고 효과가 나타난다. 어린 시절에 끈끈한 정서적 유대를 경험했다면, 정서적이고 신체적인 친밀함을 좋은 것, 보호와 안정감을 중재하는 것으로 받아들인다. 성인이 되어서도 정서적·신체석 친밀함을 근본적으로 긍정적인 것으로 경험한다(뮐러, 1997 참조). 반면 어린 시절에 부모와의 관계를 불안정하고 의지하기 어려운 것으로 경험했다면, 이 영향을 받아 관계를 맺고 발전시키는 능력이 저하될 수 있다. 그런 다음에는 인간관계를 불안정하고 깨지기 쉬운 것으로 경험하는 경우가 종종 생긴다. 그 결과, 부정적인 방향으로 흘러가 성인이 되어서도 친밀함이나 지속적인 관계를 피하게 된다. 친밀에 대한 불안을 극복하지 못하는 한, 혼자 머물 수밖에 없다. "친밀에 대한 불안과 관련된 고독의 형태도 존재한다."라고 한 퍼트리샤 튜더산달은 이렇게 지적한다. "사람들은 관계의 모험을 감행하고 싶지 않아서 고독한 상태에 있기로 결단을 내린다. 멀리서만 바라보며 다가가서는 안 된다고 생각하는 사람들이 많다. 이런 사람들은 접촉을 위험으로, 관계를 사기라고 생각한다."(2005)

인생의 첫 단계에서 이별의 아픔을 겪었다면, 관계를 맺고 발전시키는 능력에도 긍정적이든 부정적이든 영향을 미친다(스페리Sperry, 2002 참조). 예컨대 이별이 무조건 영원히 지속되는 것이 아니고 삶의 일부이며, 가장 가까운 사람들과 깊은 유대감을 이룰 시기는 항상 있다는 것을 경험할 때, 이는 다른 사람들과 관계를 맺고 발전시키는 데 긍정적인 영향을 미친다. 그러나 어린 시절에 버림을 받았거나 자주 홀로 방치되는 경험을 할 수밖에 없었다면, 이는 정신적 충격이 될 수 있다. 그렇게 엄마의 신체적 혹은 정서적 부재가 성장기 아동에게 "심리적-정신적, 신체적으로 발달하는 데 심각한 침해와 손상"(아스퍼Asper, 1993)을 유발할 수 있다.

엄마와의 *끈끈한* 애착 관계, 집에 있다는 체험, 가정에 속해 있으며 보호받고 있음을 느끼는 것은 심리적 발달뿐만 아니라 대인 관계 능력에도 본질적인 의미를 지닌다. 어린 시절에 좋은 경험을 했다면, 이는 스스로 다른 사람들과 교류하고 안정감을 선사하며 이웃에게 필요한 것을 한결 수월하게 할 수 있는 단계에 들어섰다는 뜻이기도 하다. 그렇게 긍정적인 체험을 통해 성장함으로써 자신을 다른 사람에게 내주고 그 관계를 유지할 수 있게 된다. 드디어 자녀들은 부모 곁을 떠나 옛 보금자리에서 벗어날 준비를 한다. 자신이 살 집도 마련하고 가족의 품을 떠나 밖에서 자리를 잡으면서 다른 사람들에게도 안정감을 선사한다. 흡사 안정감의 연결 고리가 마련되는 듯하다. 이렇게 성인이 되어서도 고독을 이겨 내고 혼자 있음을 견디거나 변화시키는 능력은, 어린 시절의 긍정적 혹은 부정적 경험에 따라서 함께 결정된다.

더 나아가, 훗날 대인 관계 능력에 끼칠 긍정적 혹은 부정적 영향에는 친밀함이나 성性에 대한 가족의 견해도 작용할 수 있다. 친밀함과 성에 대해 긍정적 견해가 우세한 가정에서 자란 아이들은, 이 두 가지 면에 대해 부정적인 생각을 품거나 상반된 감정이 양립하는 아이들에 비해 위험에 빠질 확률이 훨씬 적다. 성도 다른 사람들과 관계를 맺고 발전시키는 데 중요한 역할을 하기 때문에, 친밀함과 성에 대해 부정적 견해를 지닌다면 훗날 대인 관계 능력뿐만 아니라 관계를 유지하는 능력도 심각히 저하될 수 있다.

고독과 사회성 부족

고독을 체험하는 한 가지 원인은 상대방과 관계 맺기가 어렵다는 점을 들 수 있다. 다른 사람들과 깊고 진실한 관계를 맺고 유지하지 못하는 것이다. 이 말은 예컨대 일방적으로 자신에게 고정된 사람들에게 적용된다. 이 경우 심리학에서는 나르시시즘이라는 개념을 사용한다. 이는 자신의 감정, 욕구, 특성만이 현실성과 가치와 의미가 있다고 판단하는 사람에게 적용된다. 이런 사람들은 다른 이들의 욕구나 감정, 특성은 별로 중요하지 않고 현실성도 없다고 여긴다. 자기도취에 빠진 사람은 감정 이입 능력이 없다. 그래서 내가 공감할 때야 비로소 나 자신에게 머물 뿐만 아니라, 다른 사람들은 무슨 생각을 하고 어떤 욕구를 지니고 있는지 처지를 바꾸어 볼 줄 안다. 그 밖에 이런 느낌과 욕구를 존중할 마음도 생긴다.

저명한 행동연구가 콘라트 로렌츠Konrad Lorenz가 미망인이 된 숙모에 관해 전하는 말을 들어 보자. 숙모는 가정부를 맞아들인 지 얼마 안 되어 다시 새 가정부를 고용한다. 처음에는 새 가정부를 아주 호의적으로 칭찬한다. 그러나 가정부가 자신의 생각이나 염원과 맞지 않는다는 사실을 알아차리는 순간, 잔소리를 퍼붓기 시작한다. 결국 갈등이 생기고 틈이 벌어지면서 숙모는 가정부를 해고하기에 이른다. 이후 새로 맞이한 가정부와노 비슷한 상황이 되풀이된다.

심리학자 에리히 프롬Erich Fromm은 콘라트 로렌츠의 숙모에게서 자기도취에 빠진 여인의 모습을 본다. 이 여인은 자신에게 전적으로 헌신하고 자신을 100퍼센트 신뢰하는 가정부에게만 관심이 집중되어 있다. 여주인의 관심을 충족시키는 것을 인생의 전부로 여기는 가정부가 필요한 셈이다. 여주인은 자신의 기대가 이번에는 꼭 이루어지리라는 확신에 가득 차서 다시 새 가정부를 고용한다. 그러나 자신의 바람이 충족되지 못하면 성을 내고 결국 해고할 구실을 찾는다. 이 여인의 태도는 지극히 자기도취적이다.

이런 사례는 애정, 우정, 공동체, 동료 관계 등 다양한 관계 안에서 일어날 수 있다. 자기도취에 빠진 사람은 어떤 관계라도 상관없이 똑같은 모습으로 산다. 그러나 시간이 지날수록 결국 고독해지는 것은 자기 자신이라는 사실이 밝혀진다. 특히 애인으로부터 인정받고 사랑받기를 갈망하는 남자, 애인에게 기대고 싶은 욕구를 충족하려는 남자는 결국 홀로 남게 된다. 이런 남자는 자신에게만 집중된 일방적인 욕구와 기대를 상대방을 통해 이루지 못한다는 사실을 바로 깨닫기 때문에, 결국 물러나게 된다. 혹은 여자가 먼저 떠날 수도 있다. 그런 관계는 지속하기가 어렵다는 것을 감지하기 때문이다. 시간이 흐르면서 여자의 감정, 인정받고 사랑받고 싶은 여자의 욕구를 바라보고 존중하는 법을 남자가 배울 때 비로소 두 사람은 반전의 기회를 가질 수 있다.

간혹 고독을 하소연하며 일시적인 성적 만남으로 그 출

구를 찾는 사람들을 보면, 강한 자기도취적 인간으로 정체를 드러내는 경우가 있다. 성적 만남으로 고독을 잠시 떨쳐 낼 수는 있다. 그러나 육체적 만남으로 고독을 영구히 해소하기는 어렵다. 서로 간에 깊은 내적 관계를 맺고 유지하지 못하는 한, 성적 만남도 그들에게서 고독을 거둬 가지는 못한다. 성에 탐닉하는 이들은 자기 세계에 갇혀서 자신만을 생각하기 때문이다. 이런 사람들은 성적 만남을 통해 의지와 안정을 갈망하지만, 자아가 확고해야만 그렇게 될 수 있다. 그리고 의지와 안정이 확고한 자아를 선사한다.

자기도취적 장애가 있는 사람에게 외적 교정은 그다지 치료 효과를 내지 못한다. 내면에서 느끼는 공허는 외부에서 주어지는 것인데, 정서적·육체적 친밀함을 경험하는 것으로는 그 공허가 '채워지지' 않기 때문이다. 공허를 느끼는 사람은 외적 확인이나 열정, 경탄, 변화, 생기를 끊임없이 갈구한다. 다른 해결 방법을 모르기 때문이다. 그러나 내적으로 더욱 활기차게 되고 스스로 열정을 체험하지 못하는 한, 이런 방법은 밑 빠진 독에 물 붓는 꼴이나 다름없다.

자기 자신을 진정으로 사랑하지 못하는 한, 다른 사람의 사랑을 느끼거나 받아들이기가 어려울 뿐더러 그 능력도 제한될 수밖에 없다. 따라서 우리는 성숙하게 행동하며 다른 사람들과 깊은 내적 관계를 맺는 능력을 지니도록 애써야 한다.

친밀한 관계를 맺는 능력

한 가지 예를 들어 보겠다. 40대 중반의 여교사가 슈퍼비전(supervision, 교육 전반에 걸쳐 그 목표를 효과적으로 달성하기 위해 이루어지는 전문적·기술적 봉사 활동-편집자 주) 그룹에서 만난 동료 여교사에게 말했다. "저는 선생님에게 특별한 관심이 갑니다. 선생님이 우울증에 관해 말한 내용에 관심이 많아요. 흡사 거기에 이끌린 듯합니다. 우울증에 관해 더 많이 알고 싶어요. 우울증이 어떻게 진행되는지 분석하고 싶습니다. 저는 이 주제에 벌써 관심이 생겼어요. 선생님이 제 호기심을 촉발시켰습니다."

동료 여교사는 당황한 나머지 웃음을 터뜨렸고, 그룹의 다른 참가자들도 깜짝 놀랐다. 그룹 지도자는 놀란 마음을 가라앉히며 자신이 내적으로 움츠러들고 있음을 감지했다. 나중에 개별적으로 대화하면서 그룹 지도자는 이 여교사에게 본인이 동료 여교사에게 얼마나 무례하고 이해할 수 없는 태도를 취했는지 알리고 주의를 기울이게 했다. 그 태도에는 오랫동안 심한 우울증에 시달렸고 여전히 마음이 우울한 사람에 대한 감정 이입 능력의 흔적이 조금도 보이지 않았다. 그녀는 동료 여교사의 말을 듣고 자기 멋대로 판단하여 단순히 호기심의 대상을 표출했을 뿐이다. 이 교사는 슈퍼비전 모임에서 한 동료 남교사에 관해서도 말했다. 수년 전부터 함께 악기를 연주하고 있지만, 지금껏 사적인 말은 한마디도 주고받은 적이 없다는 것이다.

방금 언급된 여교사는 다른 사람에게 감정 이입을 하거나 그들과 내적 관계를 맺는 능력에서 다소 문제가 있음을 보여 준다. 여교사는 전문 분야도 아우를 만큼 유능하다. 동료 교사나 학생들과의 관계도 괜찮고 예의바르다. 그러나 사적인 관계는 유지하지 못한다. 여가 시간에 음악을 즐기거나 산책도 길게 한다. 그러나 여교사는 전반적으로 자신과 함께 일하는 사람들로부터 인정은 받지만 사랑받지는 못한다. 슈퍼비전 그룹에 참가한 것도 교장이 원했기 때문이다.

대인 관계 능력이 없는 사람들은 대부분 피상적인 관계에 그친다. 이는 그들의 사생활뿐만 아니라 직장 생활에도 적용된다. 이런 사람들의 대인 관계는 실제로 생기가 없고 깊지 않다. 당사자들은 아주 친절하고 정중할 수 있다. 그러나 그 이상은 넘지 못한다. 이런 사람들은 남들과 직접적인 관계를 맺을 수 없으며, 따라서 깊은 관계를 유지하기도 어렵다. 공감하는 능력과 친밀한 관계를 맺는 능력이 있을 때, 피상적인 관계를 뛰어넘어 다른 사람들과 지속적이고 내적이며 따뜻한 관계를 맺고 유지할 수 있다.

남들과 관계를 맺고 유지할 능력을 갖춘 사람은 상대방의 마음 깊은 곳에 신뢰를 심어 주고 깊은 인상을 남기며 함께 어울릴 줄 안다. 더 나아가 우의를 맺으며 따뜻하고 인간적인 관계를 유지한다. 이런 사람은 좋은 관계를 쌓아 가는 가운데 자신이 따뜻하고 보호받고 받아들여진 존재임을 체험한다.

친밀함과 공감

발달심리학적으로 볼 때, 대체로 자신의 정체성을 발견한 다음에 다른 사람들과 점차 깊은 내적 관계를 맺을 수 있다. 에릭 에릭슨Erik Erikson에 따르면, 이 시기에 청년에게는 "다른 한 사람과 순수하고 상호적인 친밀함을 발전시킬 과제가 주어진다. 예컨대 우정을 맺거나 연애를 하거나 환희에 찰 때 심리적 친밀함을 발전시켜야 한다."(1981)

앞서 말한 정체성을 발견하는 단계에서 주로 "나는 누구인가?"라는 물음을 다룬다면, 여기서는 "너는 누구인가?"라는 물음이 중요한 의미를 지닌다. 청년기에 친밀한 관계를 맺는 능력은, 나를 개방하기 위해 자신을 둘러싼 범주를 벗어나 다른 사람을 발견하는 것을 의미한다. 이 일은 팀구 여행에 견줄 만하며, 때로는 모험 여행에도 견줄 수 있다. 직접적인 만남, 구체적인 만남의 배후에서 다른 사람을 발견하는 것이 관건이다. 다른 사람을 실제로 알게 되고 더 깊게 사귀고 싶더라도 자신을 철저히 무장했다면 구체적인 만남을 체험하기가 어렵다. 친밀한 관계를 맺으려면 자기 자신부터 무장 해제시켜야 한다. 그래야만 비로소 다른 사람에게 다가가 마주 보며 나에 관해 말해 주고 접촉하고 붙잡을 수 있다. 상대방 곁에 있는 것부터 출발하여 그가 나를 더 신뢰하게 되고 내가 그에게 더 가까이 다가갈 수 있다. 내가 어떤 존재인지 내세우지 않고 상처받을 가능성도 열어 놓는다. 나는 이 모험을 피하기 어렵다. 다른 사람과 만나면서 참자아, 다시 말해 보호가 필요하고 특히 상처에 대한 저항력이 없기 때문에 마땅히 지켜야 하는 나의 내면을 내주게 된다. 그러나 자기를 내주는 과정이 청년에게 일어나지 않으면 당장 고립 상태에 빠지며 "세상에 혼자 있고 인정받지 못한다는 불안"(1988)에 휩싸인다고 에릭 에릭슨은 지적한다. 그는 여기서 한 걸음 더 나아간다. "그 청년은 고립되거나 기껏해야 틀에 박히고 형식적인 인간관계만 수용할 뿐이다."(1973) 이런 관계에는 자발성, 열정, 참다운 동료애가 없다. 당사자는 몸이 뻣뻣하게 굳어지고 통제받으며 남들과 별로 접촉하지 않는다. 대인 관계는 피상적으로 형성된다. 다른 사람들이 그에게 다가오려고 시도해도, 그는 물리쳐 버린다. 남들과 깊고 참되고 지속적인 관계를 맺는 것이 의심스럽고 불유쾌하게 여겨진다. 그는 이런 관계를 바라지 않을 뿐더러 전혀 응하지도 못한다. 이렇듯 진정한 친교를 할 수 없는 것, 곧 거리 두기나 고립은 보통 이웃에 대해 공감할 능력이 없다는 것을 증명한다.

그러나 공감하는 능력이야말로 모든 관계를 맺기 위한 초석이 된다. 이 말은 사적인 영역뿐만 아니라 직장 세계에서도 적용된다. 사랑이나 결혼은 두 사람이 서로 이해하고 더 깊은 차원에서 만나야만 비로소 이룰 수 있다. 결혼하지 않고 혼자 사는 사람이 평생 독신을 유지하려면, 혼인의 특징인 관계의 독점성을 흔쾌히 포기할 줄 알아야 한다. 자신의 관계 맺는 능력을 지각하고 있지만 이런저런 이유로 그 능력을 발휘하지 않는 사람에게 적용되는 말이다.

관계를 맺을 수 있는 것과 더불어 고독이나 고립, 소외감을 이겨 내는 최종 단계에 이르면, 흡사 다른 사람의 신을 신고 나타나 그 사람의 시각으로 자기를 바라보는 능력 같은 것이 생긴다. 바로 공감하는 능력이며 감정 이입 능력이라고도 부른다. 공감할 수 있다는 것은 자기도취적 입장과는 극명한 대조를 이룬다. 자기도취에 빠지면 자신에게만 머물 뿐, 다른 사람의 처지는 되어 보지 못한다. 때문에 공감하는 능력은 내적인 인간관계를 맺기 위한 주춧돌로 간주된다. 공감하는 능력이 없으면 깊은 인간관계를 구축하기가 어렵다. 다른 사람의 입장을 잘 헤아릴수록 진솔한 인관관계를 맺는 것이 훨씬 수월해진다. 그리하여 더 이상은 자신의 상상에 근거하여 사람들을 만나는 일이 생기지 않게 된다.

여러 가지 형태의 친밀함

친밀함은 다양하게 체험된다. 우선 나를 신뢰하는 지인이 있다. 나는 그때그때 지인과 만나 이런저런 중요한 문제나 관심사를 상의한다. 예컨대 직장 동료들과도 친밀해질 수 있다. 서로 의리가 두텁고 지지하며 견해가 같고 함께하는 일의 범위에서는 마음을 터놓는다. 친척이나 슈퍼비전 참가자들과도 친밀해질 수 있다. 또한 내 곁에는 파트너나 가장 친한 친구도 있다. 나를 가장 잘 알고 내가 가장 잘 아는 사람이다. 바로 그 사람이 내게 가장 깊은 친밀함을 체험하게 해 주는 사람일 수 있다. 나아가 가족이나 수도 공동체의 친밀함이 있다. 끝으로 사목, 사목 상담, 치료 범위에서는 특정한 형태의 친밀함이 존재한다.

다양한 형태의 친밀함을 소개하겠다. 먼저 나의 희망과 동경, 불안, 꿈을 다른 사람들과 나눌 때 **정서적 친밀함**이 나타난다. 나는 나의 생각, 감정, 가치관, 경험을 직접적이고 내적인 방법으로 다른 사람들에게 전할 수 있다. 또한 다른 사람들이 각자의 느낌과 인상을 말해 주는 부분에서 내 마음이 움직여질 수 있다. 그렇게 친밀한 교환은 그때그때 만나는 다른 사람을 더 깊이 알게 하는 촉매제가 된다. 그리하여 서로 마음이 꼭 맞는 관계 같은 결정체가 형성된다. **지적 친밀함**은 다른 사람과 대화하면서 자신의 이념과 생각을 말하고, 상대방이 이해했음을 감지하거나 상대방도 근본적으로 자신과 똑같은 생각과 이념을 지녔다고 확신할 때 생긴다(길마틴Gilmartin, 1995 참조).

나 자신을 완전히 잊고 자연이나 그림과 생기 넘치는 관계를 맺는 것도 친밀해지는 능력을 나타낸다. 나의 체험을 다른 사람과 나눌 때 **사회적 친밀함**이라고 해도 좋겠다. 가령 해돋이에 매료되는 순간, 그 광경을 함께 바라본 사람과 한마음이라고 느끼게 된다. 아이의 죽음 같은 비운을 함께 겪고 견뎌 낼 때도 한마음이라는 생각이 든다. 불행을 당해 함께 슬퍼한다는 인연으로 사람들의 마음이 일치한다.

성적 만남도 친밀함의 표현 수단이 될 수 있다. 그러나 친밀함과 성이 본질적으로 동일시될 수는 없다. 어떤 사람이 상대방의 처지에서 생각해 보고 그를 더 깊은 차원에서 이해한다면, 성적 만남은 친밀한 만남이 되기도 한다. 이 경우 **성적 친밀함**이라고 해도 좋다. 종교적 이유에서건 다른 이유에서건 성적 관계를 포기한 채 결혼하지 않고 혼자 사는 사람들은, 성적인 내적 관계가 아니더라도 친밀함을 체험할 수 있다. 이는 **독신의 친밀함**이라고 말할 수 있다.

끝으로 **영적 친밀함**은 종교 사상이나 영적 느낌, 확신을 교환하거나 기도와 미사를 포함하여 공동체적으로 종교 의식을 수행하는 등의 체험을 나누는 것을 말한다.

따라서 친밀한 관계를 맺는 능력을 지니면 아주 다양한 방식으로 다른 사람의 삶에 안팎으로 관여할 수 있다. 내가 스스로에게만 머물지 않고 나의 생각이나 감정, 확신, 경험을 다른 사람과 함께 나눌 때 비로소 부정적인 고독 체험이 극복될 수 있다. 이렇듯 다른 사람들에게 자신을 활짝 열 뿐만 아니라, 그들의 도움을 받는 데도 마음을 열 줄 알아야 한다.

친밀함과 거리 두기

따라서 관계를 맺는 능력은 상대방에게 자신을 개방할 수 있다는 것, 다른 사람들과 깊고 의미 있는 관계를 맺을 수 있다는 것, 상대에게 친밀함을 허용할 수 있다는 것을 의미한다. 그러나 관계를 맺는 능력에는 자신의 친밀함을 보호하고 다른 사람의 친밀함을 존중할 줄 아는 것도 포함된다.

이제 옆에 있는 사람을 내 안으로 들어오게 할 수 있다. 그 사람이 나와 맞지 않는 방식을 가지고 내외적으로 접근하면, 그를 밖으로 내보내거나 쫓아낼 수도 있다고 확신한다. 이는 필요할 때 여닫는 칸막이와 문이 달린 놀이터에 비유할 수 있다. 가정치료사 메릴린 메이슨Marilyn Mason이 이 능력에 관해 꽤 구체적으로 설명하고 있다. "사람들은 대부분 호크를 안에서 열고 잠근다. 남들을 어느 정도까지 자기에게 다가오게 할지 선을 긋는다. 누군가 자신에게 뭔가를 바라면, 싫다거나 동의하지 않는다는 의사 표시를 할 수 있다. 그러나 스스로 경계선을 정하지 못하거나 성품이 나약한 사람들은 호크를 밖으로 나오게 하여 누구든 조작

하게 한다."(칸즈Carnes, 1992)

더 나아가 관계를 맺는 능력은 다른 사람의 친밀한 영역을 존중하는 능력으로 나타난다. 존중이라는 낱말은 라틴어 '레스피체레respicere'에서 유래한다. "다시 한 번 그쪽을 바라보기"라고 번역해도 괜찮다. 관계를 맺는 능력과 관련해서는 다음과 같은 의미로 받아들일 수 있다. 즉, 나는 자신의 열망을 알지만, 동시에 더 큰 맥락을 존중하고 주의를 기울일 수 있다. 내 열망만 바라보지 않고 다른 사람의 세계를 구체적으로 함께 본다. 또 내 열망을 그 사람 옆에서 실행할 수 있을지도 바라본다.

헤르만 슈텡거Hermann Stenger에 따르면, 관계를 맺는 능력의 한 요소인 적절한 거리 두기 능력은 "자신의 친밀한 영역을 침해하고 사랑과 성실의 본질과 모순되는 영향으로부터 멀어지려는 준비된 자세와 힘에서 나타난다. 여기서는 자제하는 태도가 필요하다. 이런 성숙한 모습은 선입견이나 자아-상실에 대한 두려움에서 나오는 것이 아니라 자아-굳셈의 결과로 갖춰진다."(1988) 따라서 거리를 두는 능력의 결정적 특징은, 거리 두기 뒤에는 친밀함의 긍정적 관점이 서 있다는 것이다. 거리 두기의 동기는 친밀에 대한 두려움에서 비롯되지 않는다. 말하자면 나 스스로, 다시 말해 개인적 확신에서 정체성을 배후로 하여 이러한 상황과 관계 아래 친밀함을 많이 허용할 것을 결정한다. 이는 내가 철저히 의도적으로 친밀함을 허용하지 않는다든지 친밀함을 얻으려고 기를 쓰는 상황과는 확연히 다르다.

내가 누구이고 무엇을 원하는지가 더욱 분명해지고 내가 바라는 것과 나를 형성하는 것을 보호하는 체험을 더 많이 할수록, 점점 더 얽매이지 않고 자발적이며 직접적으로 사람들과 깊은 관계를 맺을 수 있다. 이제 나는 친밀한 관계에서 자신을 잃을까 봐 불안하지 않다. 나는 나 자신의 윤곽을 의식한다. 말하자면 친밀함을 허용하고 경험한 것이 내 정체성에 들어오고 그 정체성에 의해서 함께 형성된다. 이제 나는 피상적인 관계를 뛰어넘어, 다른 사람들과 책임 있고 깊고 따뜻한 관계를 맺고 지속할 수 있다.

많은 경우, 고독이 친밀에 대한 두려움의 원인으로 간주될 수 있다. 친밀함을 바라거나 동경하는 것이, 너무 많은 친밀함을 참지 못하거나 과도한 친밀함 때문에 부당하게 요구받을지도 모른다는 불안과 종종 짝을 이루기도 한다. 그러나 스스로 경계선을 긋는 능력과 함께 나타나는 친밀한 관계를 맺는 능력은, 자신이 간절히 바라고 갈망해 마지않던 사람에게 용기를 내어 한 걸음 다가가도록 촉발할 수 있다. 내가 다른 사람과 하나가 되려고 애쓸 때 비로소 고독을 이겨 낼 수 있다. 그러나 다른 사람이 나를 삼켜 버릴까 봐 불안해하고 자신의 독자성을 잃을까 봐 두려워하는 한, 나의 혼자 있음과 다른 사람의 혼자 있음이 일치하기란 불가능한 일이다.

인간관계의 구조와 범주

헨리 나웬이 인간관계의 구조와 범주에 관해 구체적으로 말했다. "내 삶의 가장 깊은 내적 영역에는 나와 가장 가까운 사람이 있다. 가족과 절친한 벗이 이 친밀한 영역에 든다. 주변을 조금 더 넓히면 친척과 지인들이 두 번째 자리에 배치되고, 밖으로 더 확대하면 함께 일하는 동료들이 세 번째 자리에 들어온다. 끝자리에는 이름은 전혀 모르지만 이 세상에서 함께 살아가는 사람들이 배치된다. 이를 일컬어 '나의 세계'라고 한다. 그렇게 나는 밀집된 범주에 둘러싸여 있다. 그 문턱에는 파수꾼이 떡 버티고 서서, 내가 누군가를 어느 정도로 다가오게 하는지 면밀히 주시한다. 가령 버스 기사에게 말할 때 오랜 직장 동료들에게 말하는 방식으로 하지는 않는다. 부모에게 말한 내용을 친구들에게 전부 알리지도 않는다. 맨 끝에는 아무도 들어오지 못하는 장소가 있다. 오로지 나만을 위해 존재하고 보살피는, 가장 내밀한 나의 사적 영역이다. … 그 어떤 형태라도 사적 영역이 없는 사람은 공동체의 일부가 되지 못한다."
(1992)

관계를 맺는 능력에 관한 물음

1. 당신의 관계 범위는 어떻습니까?
2. 당신은 자신과 내적 관계를 맺고 있습니까? 당신은 자신만이 들어갈 수 있는 내적 영역 같은 실체가 내면에 존재한다는 것을 알고 있습니까?
3. 다른 사람들과의 관계는 어떻습니까?
4. 당신은 농도로 구분되는, 다양한 형태의 관계를 알고 있습니까?

5. 당신은 이 관계에 만족합니까? 이 관계를 내적으로 충분히 체험합니까?

5

경계 없는 차원으로 들어서기

이 세상에 살면서 이미 경계 없는 차원으로 들어섰다고 느낄 때 염원과 관점은 달라진다.

| 융

외로움에 빠져들면 마치 세상과 단절된 듯하다. 내가 나 자신에게 다시 던져진 것 같다. 더 큰 것과 결속되었다는 느낌이 없다. 이웃과 실제로 관계를 맺지 않았고 주변 세계와도 유대하지 않았다는 느낌 외에, 더 큰 것과의 결속도 이루어지지 않았다는 생각이 든다. 여기서 말하는 더 큰 것이란 신앙인이라면 하느님을 뜻할 것이다. 심층심리학자 융에게 그것은 '세계영혼Weltseele'(세상을 지배하고 질서를 유지하는 근본적 원리-편집자 주)을 의미했다.

영혼의 힘 - 하느님과 일치한 체험

심층심리학의 관점에 따르면 우리의 내면에는 무한히 깊은 곳이 있다. 그곳은 깊이를 알 수 없는 바다에 비유할 수 있다. 우리 안에 있는 이 깊은 곳은 무의식과 영혼의 왕국이다. 이곳에서 우리의 삶이 최종적으로 함께 결정된다. 많은 사람들이 이 깊은 곳과의 만남을 상실한 채, 더는 자기 영혼과 연결되어 있지 않다고 생각한다. 이 말은 세상에 혼자 있다거나 외롭다고 느끼는 사람들에게도 적용된다.

자신의 영혼과 다시 접촉하여 영혼을 되찾고 다시 혼을 불어넣을 때, 비로소 고독하거나 혼자라는 느낌이 줄어들게 된다.

자기 영혼을 향하여 무의식이 열리는 사람은 다른 의식과 함께 인생을 앞서간다. 그런 사람은 삶에서 어떤 상황과 맞닥뜨려도 스스로를 꿋꿋이 서게 하고 존재케 하는 뭔가를 경험했다. 융에 따르면, 자신의 지혜와 함께 목적지에 도달할 때 영혼으로 향할 수 있다(야코비, 1965). 융이 영혼에게 편지를 썼듯이, 부정적으로 체험된 고독에서 나오는 방법을 알지 못하면 영혼의 도움을 받아 어두운 상황에서 빠져나오는 희망을 품을 수 있다. 융은 영혼을 참자아라고 여긴다. 이 깊은 자아가 마치 하나의 대상처럼 인간과 맞서 있다. 수호천사가 우리와 평생 함께하듯이, 영혼이 우리와 평생 함께한다고 심층심리학자 잉그리트 리델Ingrid Riedel은 말한다. 우리는 온갖 이성적 숙고나 계획보다는 내면의 그 깊은 곳을 더 많이 신뢰한다.

자신을 세계영혼과 연결하여 이미 경계 없는 차원으로 들어섰다는 체험을 하는 것도 우리 영혼의 과제이다. 융은 우리 안에 하나의 영혼만 있지 않고 더 큰 것의 일부, 곧 세계영혼의 일부가 존재한다는 관점에서 출발한다. 우리가 자신을 더 큰 것의 일부라고 체험하는 것은 중요하다. 그러나 내가 더 큰 것에 속한다는 사실을 아는 것만으로는 충분하지 않다. 실제로 그렇게 지각해야 한다. 이는 신앙인의 경우 하느님과 일치하는 체험과 같다. 자신이 세계영혼과 결속되었다고 느낄 때 "우리는 아주 특별한 방식으로 혼이 불어넣어졌다고 느낀다. 이제 더 이상 '삶이 의미 있는 것이냐?'고 묻지 않는다. 삶이 스스로 밖으로 나올 것이다…."(하이지히Heisig, 1996) 우리는 근원적인 느낌을 포함시키며 자신이 더 큰 것의 일부라고 지각한다. 의식이 영혼의 영향을 받게 하고 혼을 불어넣는다는 것은 다른 세계로 도피하여 현실, 다시 말해 이웃과 주변 세계와의 구체적인 대결을 모면하려는 의미가 아니다. 세상을 등지고 고독 속으로 달아난다는 뜻도 아니다. 오히려 이 세상을 향해 자신을 활짝 열 때 펼쳐지는 체험 가능성들을 활용하겠다는 의미다.

세계영혼, 곧 하느님과 결속되었다는 체험으로부터 고독을 견뎌 내고 극복할 힘이 자라날 수 있다. 자신이 더 큰 것의 일부, 하느님의 일부임을 체험하자. 그러면 하느님께서 우리 안에 현존하시고 우리도 하느님 안에 머물며, 따라서 하느님도 우리와 함께 계시다는 것을 믿을 뿐만 아니라 지각하게 된다.

다른 사람들과 꿈을 나누기

우리가 무의식과 영혼을 만나는 한 가지 방식은 꿈에 몰두하고 꿈과 대결하는 데서도 찾을 수 있다. 꿈은 우리가 내면 깊은 곳, 영혼의 가장 깊은 영역을 통찰하게 해 준다. 꿈은 무의식으로 나아가는 왕도다. 이 깊은 곳을 마음에 그려 보며 혼자 있음을 이겨 내거나 고독 체험을 활용하고 싶은 사람은, 그 깊은 곳에서 자신의 꿈과 끊임없이 접촉해야 한다.

꿈은 깊은 곳으로부터 만남을 제공한다. 거기서 누군가 우리 마음의 문을 두드리며 안으로 들어가기를 간절히 바라고 있다. 그는 기쁜 소식을 전하고 싶어 하는 천사에 비유할 수 있다. 프로이트는 꿈을 가리켜 무의식으로 나아가는 왕도라 했고, 유다 작가 프리드리히 바인렙Friedrich

Weinreb은 우리가 잠자면서 신적 근원에 잠긴다고 말했다. 따라서 꿈에서는 신적 근원에 관한 뭔가가 특별한 방식으로 드러날 수 있다. 하느님이 꿈에서 우리에게 말씀하실 수도 있는 것이다. 심리학자 에리히 프롬은 꿈을 친구가 보낸 편지라고 했다. 편지를 뜯어서 읽지 않으면 아름답고 중요한 내용을 놓치고 만다.

나아가 우리는 꿈에 대해 집단적 무의식과 연결되어 있다. 우리는 다른 사람들과 그 무의식을 나눈다. 무의식에서 영상과 상징, 이야기와 만난다. 이런 요소들은 유사 이래 인류의 온갖 유산을 한데 모아 놓은 거대한 창고에서 나온다. 다시 말해서, 내 꿈의 소재가 어떤 방식으로는 이웃의 꿈의 소재와 같을 수 있다. 거기에는 우리를 이어 주는 뭔가가 있다. 그렇게 꿈을 통해 소속감이 생겨날 수 있다. 소속감은 외로워하는 사람의 고통을 줄여 주는 감정이다.

꿈은 아침에 끼는 짙은 안개처럼 우리 의식을 뚫고 지나간다. 꿈은 내면 깊은 곳에서 올라와 우리의 일부가 된다. 우리에게서, 우리의 의식에서 꿈이 완전히 사라져 까마득히 멀어지기 전에, 우리는 꿈속에 잠겨 꿈에 귀를 기울이며 감지하려고 애쓴다. 그러면서 꿈이 우리에게 말하려는 것에 마음을 활짝 연다. 마치 그림을 접하듯이 꿈을 대한다. 그림을 감상할 때, 우리는 그림 자체가 전하는 메시지에 마음을 연다. 여기에는 다양한 가능성들이 있다. 꿈이 아주 새로운 것이나 우리에게 도전하는 것도 열어 보이도록 우리는 자신을 활짝 개방한다. 그러나 꿈이 우리에게 말하는 것을 무조건 들으려 하거나 정확히 이해하려는 욕구에 점령당해서는 안 된다.

꿈에 주의를 기울이고, 꿈의 영향을 받으며, 꿈과 접촉하려고 애쓰면서 우리는 자신을 더욱 통합적으로 알게 되고 내면 깊은 곳을 더욱 명확히 감지하게 된다. 우리는 땅에 발을 딛고 자신의 심연에 정박하며 세계영혼과 만날 때 앞으로 나아갈 수 있다. 버팀목이 생기고 스스로 굳건히 설 수 있다. 결속력, 소속감, 의미가 생겨난다. 이제 그 어느 것도 우리를 쉽게 쓰러뜨리지 못한다. 예전에는 내면의 심연과 접촉하지 않고도 황급히 깊은 감명을 주고 마음을 빼앗아 갔을지도 모르는 그 많은 것들이 더 이상 감명을 주지 못한다. 이제는 자신의 내적 영역 앞에 우뚝 설 수 있어야 한다. 내적 영역은 '피상적 영역'과 그 척도와 기준이 다름을 잘 알고 있다.

자신을 짓누르는 것 같은 고독에 대처하는 최선책은 내가 나 자신, 다른 사람들, 창조, 하느님과 결속되었다고 느끼는 것이다. 바로 이 느낌이 중요하다. 그러나 이 점을 알고 바라는 것만으로는 충분하지 않다. 내가 이 체험을 할지 말지는 나의 내면, 마음, 영혼이 결정한다. 그러므로 내 영혼을 지각하는 존재가 그 동기를 더듬어 찾아내고 알게 해야 한다. 그러면 이 체험이 내 마음에, 내 영혼에 이르고 그곳에 각인될 것이다.

꿈 작업 안내

- 꿈에 마음을 활짝 열고 꿈이 당신에게 말해 주려는 내용에 집중하도록 초점을 맞추면서 잠드십시오. 당신의 내면에, 영혼에 이렇게 말하십시오. "나는 네가 말하는 것을 들을 준비가 되었다. 내게 전하고 싶은 것이 있으면 무엇이든 알려 다오. 그 내용이 유쾌하든 불쾌하든 상관없이 진심으로 환영한다." 그러나 무조건 꿈을 꿔야 한다는 강박감에 억눌리지 말고 편안한 마음을 지니십시오.

- 꿈을 기억하려면 미리 준비할 것이 있습니다. 꿈을 기록할 노트나 일기장, 메모지를 볼펜과 함께 머리맡에 두십시오. 그리고 아침에 깨어나자마자 혹은 밤중에 깨어나더라도 꿈의 내용에 관해 몇 마디 적으십시오.

- 밤중에 깨서 꿈을 기억하지만 너무 피곤해서 적을 수 없다면, 핵심어를 기억하거나 꿈에 제목을 붙이십시오. 이 제목을 모티브 삼아 아침에 일어나서 꿈에 관해 쓸 때 재구성할 수 있습니다.

- 기록한 꿈마다 제목을 달아 주는 것이 좋습니다. 꿈이 당신에게 어떤 의미를 지니는지 알려 주는 중요한 암시가 종종 그 제목에 이미 들어 있기도 합니다.

- 당신이 꿈을 기록하고 그 꿈이 무슨 말을 해 주는지 알려고 할 때 떠오르는 생각이나 느낌, 예감, 기억, 연상을 모두 활용하십시오. 나아가 될 수 있는 대로 다양한 해석을 허용하십시오. 당신은 그 과정을 통해 '마음의 소리'를 듣게 됩니다. 한 가지 해석이 특별한 방식으로 당신이 처한 상황에 적합할지도 모릅니다. 그러나 다른 해석들에 대해서도 마음을 활짝 여십시오. 인생의 다양한 측면이나 코앞에 닥친 문제, 혹은 정신적·영적 고민에 꿈을 이용한다는 생각

으로 놀이하듯 꿈과 교류하십시오.

- 다른 사람들, 예컨대 친구나 파트너에게 꿈을 이야기하십시오. 모임에 가입했다면 그곳에서 말해도 좋습니다. 모임의 구성원들이 정기적으로 만나 서로 자신의 꿈에 관해 이야기할 수 있습니다. 당신이 영적 상담을 받고 있거나 심리 치료 중이라면, 거기서 꿈에 관해 말하십시오.

- 자신의 꿈을 해석하기에 앞서 그 꿈과 소통하려면 열린 자세가 매우 중요하다는 것을 굳게 믿으십시오. 이 차원을 넘어서 꿈과 집중적으로 대결할 때, 당신을 위해 꿈이 비워 놓은 가능성들을 가장 잘 이용할 수 있습니다.

신앙생활

신앙생활도 우리가 더 큰 것, 하느님과 결속한다는 의식과 체험을 강화할 수 있다. 자신이 외롭고 버림받았다고 느껴지는 단계에서도 이런 의식을 드높일 수 있다.

마흔다섯 살 된 중년 남자 톰은 깊은 좌절에 빠져 있다. 그는 2년 전에 집을 한 채 사서 값진 앤티크 가구들을 들여

놓았다. 한 친구가 찾아와서 무척 기뻤는데, 그 친구는 이제 더 이상 오지 않는다. 톰은 도저히 그 이유를 알 수가 없었다. 그래서 멍하니 앉아 한 곳만 뚫어지게 바라보는 일이 잦아졌다. 실망한 나머지 어쩔 줄을 모르는 것이었다. 그는 세상에서 혼자라고, 버림받았다고 느꼈다. 삶이 자신에게 더 이상 무슨 의미가 있는지 자문하곤 했다. 언젠가 그 친구와 함께 살리라는 희망을 품고 정성들여 집을 가꾸었기 때문이다. 이젠 집이 감옥처럼 여겨진다. 자신이 그 안에 갇힌 것 같다. 참혹한 현실에 톰은 더 이상 기뻐할 수가 없었다. 자신은 본디 집이 없다고 생각했다. 자기에게 특별한 의미를 지닌 사람이 주위에 아무도 없었다. 부모는 이미 세상을 떠났고, 형제자매는 모두 멀리 떨어져 있기 때문에 거의 소식을 주고받지 않는 편이었다. 좋은 친구가 몇 명 있었지만 모두 결혼했거나 자기보다 더 가까이 있는 사람들과 교류하고 있었다. 톰은 자포자기의 심정으로 자살할 생각까지 했다. 자신이 철저히 외롭다는 생각에 몹시 시달리고 있었다. 혼자라는 생각에서 벗어날 수가 없었다. 외롭다는 느낌, 그 어디에도 속한 곳이 없다는 느낌, 참된 친구가 한 명도 없다는 느낌은 떨쳐 버리기가 쉽지 않다.

이렇듯 지독한 고독을 겪으면서도 그는 띄엄띄엄 신앙생활을 하며 최근 몇 년간 발전하는 모습을 보였다. 톰은 시편과 함께 잠시 묵상할 만한 성구를 읽으며 하루를 시작했다. 아직은 경건한 마음으로 성경을 읽고 기도하는 것이 어려웠지만 점차 익숙해지면서 의지하게 되었다. 이 시간이야말로 자신을 지탱할 수 있는 유일한 끈이었다. 예전에는 자신이 소속감을 느끼게 해 줄 사람, 자기를 위해 존재하는 사람이 아무도 없다고 여겼다. 그러나 지금은 자신이 다른 사람을 위해 헌신할 수 있다고 생각한다. 그의 이러한 체험이 그렇게 강렬하진 못하다 해도 하느님과 일치하는 체험임은 분명하다. 앞으로 톰은 신앙생활에 더욱 전념해야 한다. 도중에 그만두면 안 된다. 몰두하는 게 어렵거나 하느님을 그다지 가깝게 느끼지 못하더라도 신앙생활을 지속해야 한다.

신앙생활은 궁핍한 시기, 고독한 때에 내가 꽉 붙들고 설 수 있는 난간과 같은 것이다. 믿음이 내게 주어야 할 것을 당장 주지 않는다고 크게 흔들리지 말고 신앙생활을 지속해야 한다. 그러면 체험이 미약하고 내면에서 들리는 소리가 아무리 희미해도, 분명 누군가 내 안에서 나와 함께하고 있음을 느끼게 될 것이다. 그 존재는 내 곁에 있을 뿐만 아니라 나를 알고 도와줄 수 있다.

더 높은 위력에 대한 믿음, 무엇보다도 더 높은 위력과 활발한 관계를 맺는 것이 부정적으로 체험한 고독을 극복하는 데 큰 힘이 된다고 확신할 수 있다.

하느님을 조건 없이 받아들이면서 자존감을 강화하기

그 어떤 공로와 상관없이, 우리는 누구나 하느님이 사랑하시는 아들딸이라고 복음은 전한다. 하느님께서 이렇게 약속하시면서 우리가 가치 있는 존재라는 것을 확신시켜 주신다. 그분은 우리가 안팎의 온갖 목소리에 맞설 수 있도록 힘을 주신다. 이제 우리는 자존감이 강화되면서 헨리 나웬이 말하는 것을 체험한다. "마음에서 하느님의 목소리를 들을 때 나는 상처가 치유되는 체험을 한다. 하느님은 내게 이렇게 말씀하신다. '너는 내가 사랑하는 자식이다. 너는 내 사랑을 듬뿍 받았다.' 나는 이 말씀을 머리로만 믿지 말고 전 존재로 믿어야 한다. 이 말씀은 내 삶의 근저를 이루는 실재다. 하느님께서 주시는 이 첫 번째 사랑을 믿을 때, 나는 그다지 완전하지 않은 두 번째 사랑과도 화해할 수 있다. 부모, 선생님, 교회가 내게 준 그 불완전한 사랑과도 화해할 수 있다. 교회도 나를 사랑한다. 그러나 이 사랑으로는 충분하지 않다. 교회는 내게 더 큰 사랑을 줄 수 있다고 생각한다. 하지만 첫 번째 사랑을 깨닫고 자신이 하느님의 사랑받는 자녀라는 사실을 거듭거듭 기억할 때, 비로소 나는 두 번째 사랑과도 살 수 있다."(밀러 외 공동 편찬, 2001)

자신을 조건 없이 받아들일 줄 알면 다른 사람들의 도움을 받아 자신을 비추거나 결점을 메우려고 애쓸 필요가 없다. 인정받으려고 더 이상 끊임없이 버둥대지 않아도 된다. 오히려 자신의 가치를 의식하고 경험하면서 견뎌 낼 힘이 생기고, 기꺼이 자신 안에 머물며, 혼자 있음을 기회이자 가능성으로 여길 수 있다. 또한 다른 사람들에게 다가가거나 내 존재를 통해 그들을 풍요롭게 해 줄 수도 있다.

기도·묵상·소속감의 힘

외롭다고 느낄 때 우리는 기도와 묵상을 통해 하느님과의 일치를 추구하고 체험할 수 있다. 내 경우, 시편도 하느님과의 일치를 체험하게 해 준다. 시편을 읽으며 그 세계에 잠기고 내게 들려주는 메시지에서 큰 위로와 힘을 얻는다. 물론 이때 하느님이 가까이 계심을 체험하는 것이 중요하다. 나는 특별히 하느님과의 일치를 느낄 만한 장소를 찾아가기도 한다.

대도시 샌프란시스코에서 처음 보낸 시절이 생각난다. 버클리에 도착한 지 며칠 지났을 때의 일이다. 그날은 날씨가 무척 따뜻했다. 나는 버스를 타고 베이브리지Bay Bridge를 건너면서 교도소가 있는 앨커트래즈Alcatraz 섬과 골든게이트교Golden Gate Bridge를 처음 보았다. 나에게는 장엄한 순간이었다. 어린아이인 내게 골든게이트교는 하나의 관념이었다. 이 다리가 내 안에 있는 동경 같은 것을 풀어 주었다. 그 때문에 내가 샌프란시스코로 온 것일까?

그러나 이 도시에서 보낸 첫날은 몹시 슬펐다. 발을 힘차게 디디며 걸었지만 위축되었다. 그동안 왜 이 도시의 모든 것에 관해 듣지 못했을까? 나는 향수에 가득 찼다. 나를 둘러싼 모든 것이 그저 낯설고 황량했다. 내게 전혀 관심을 보이지 않는 사람들 틈에서 점심을 먹으며 스스로 외롭고 혼자라는 생각도 들었다. 주식 시장이 있는 마천루는 무시무시해 보였고 거리를 어둡게 만들었다. 사람들은 대부분 세련되게 꾸미고 있었지만 생기가 없었다. 나는 정처 없이 몇 시간을 걷다가 한 성당 앞에서 멈췄다. 안락한 자리에 앉아 편히 쉬고 싶은 마음이 간절했다. 나는 성당 안으로 들어가 의자에 앉아서 잠시 쉬었다. 그곳은 중국인 공동체가 모인 가톨릭 성당이었다. 성당 내부는 볼품없어 보였지만 편안한 느낌이 들었다. 나는 너무 지치고 혼란에 빠져서 기도하기조차 어려웠다. 그래서 그냥 앉아 있었다. 자신을 그토록 우울하게 만든 이 도시에 대한 생각을 잠시 접어 둔 채.

기도 역시 고독을 이겨 내는 데 도움을 준다. 자신이 외롭다고 느끼며 고독을 견뎌 내려고 할 때 기도할 마음이 생긴다. 기도를 통해 나 자신은 물론 내 안에 숨어 있는 에너지와 만날 수 있다. 고독을 감내할 힘을 달라고 하느님께 도움을 청할 수 있다. 또한 한 공동체에 속하거나 구성원들이 서로 잘 아는 단체에 속하는 것도 혼자 있음을 더욱 잘 견뎌 낼 힘을 북돋워 줄 수 있다. 나는 노인들을 비롯하여 무력한 사람들을 떠올린다. 더 이상 이웃과 교류하기 어렵기 때문에 외로운 이들이다.

나는 문을 두드린다. 잠시 후 낮은 목소리가 들린다.

"누구세요?"

"성당에서 왔습니다. 도시락을 가져왔어요."

문이 조금 열리면서 외로운 얼굴이 보인다. 나는 그 얼굴을 보며 웃는다.

"성탄을 축하드립니다. 베르거 부인, 맛있게 드십시오."

내게는 주소가 여러 개 적힌 목록이 있다. 나는 될 수 있는 대로 이 일을 빨리 끝내고 싶다. 이 일이 지겹다. 성탄을 맞이했다! 방 안에 갇혀 있는데 성탄이라니! 고독, 불안, 어두운 방, 제대로 꼴을 갖추지 못한 침대… 가까이서 빛을 내는 것이라고는 텔레비전뿐이다. 그나마 텔레비전이 곁에 있어야만 가능한 일이다.

도시락이 남았다. 나는 천천히 차를 몰고 시내로 들어간다. 한 관광객이 눈에 띈다. 어제 버린 쓰레기가 곳곳에 쌓여 있다. 지금은 성탄이다. 물어 볼 만한 사람이 아무도 보이지 않는다. 꽃 장수가 도시락을 반긴다. 나는 아직 남은 도시락을 꾸역꾸역 먹는다. 기분이 점점 나빠지기 시작한다. 나 역시 성탄 분위기에 젖어들고 싶다. 오늘 새벽만 해도 기분이 좋았다. 예년과 똑같이 미사에 참례해서 벅찬 마음으로 성탄 성가를 불렀다. 거룩한 전율이 몸을 타고 흘렀으며 행복하고 날아갈 듯했다. 그러나 성당을 떠나면서 그 느낌은 흐릿하게 사라지고 말았다. 다시 구질구질하고 지루한 일상의 주변이 눈에 들어온다. 버스 정류장, 불친절한 대중교통, 거부감을 일으키는 광고… 성당에서 맛본 거룩하고 천국 같으며 기쁜 성탄 분위기는 온데간데없다.

그룹이나 단체, 공동체에 가입하면서 부정적으로 체험한 혼자 있음을 극복하는 첫 출구를 찾는 경우도 많다. 여기서도 하느님의 도우심을 신뢰하며 다른 사람들에게 다가가는 데 시편 말씀이 용기를 줄 수 있다. 어쩌면 나 자신에게 건네시는 말씀일지도 모른다. "제 하느님의 도우심으로 성벽을 뛰어넘습니다."(18,30) 이 말씀이 나를 사로잡는다. 그렇다. 나는 나의 하느님과 함께 성벽을 뛰어넘는다. 이제 나를 에워싼 바리케이드를 힘껏 밀쳐 낼 수 있다. 있는 그대로의 내 모습을 다른 사람에게 보여 주고, 지금껏 그에게 다가가지 못하도록 가로막은 장애물을 과감히 치울 수 있다.

고독 가운데 만나는 하느님

하느님은 우리가 다른 사람들과 주고받는 사랑 속에서 우리와 만나신다. 그러나 우리가 혼자 있음을 견뎌 낼 수 있다고 거듭 확신할 때도 하느님은 우리와 만나신다. 그렇다. 하느님은 때때로 고독을 허락하시어 우리가 좀 더 자신을 들여다보고 몰입하도록 이끄신다. 신심 깊은 유다인에게 중요한 문헌집인 '미드라시midrash'는 이런 말을 전한다. "역설적으로 들릴지도 모르지만, 하느님은 고독 속에서 억눌리면서도 보호받는다고 느끼는 사람들과 늘 관계를 맺으신다. 이때 하느님은 전통적인 방식을 택하신다. 다시 말해, 당신이 선택하신 사람들이 잠들어 꿈에서 말하도록 보살피신다. 이 사람들은 실제로 혼자 있기 때문이다."

사막은 내가 나 자신과 만나고 홀로 있는 곳으로서 특히 적합한 장소일 수 있다. 사막의 고독은 흡사 나의 고독과 혼자 있음의 영상과도 같다. 사막의 고독과 만나면서 나의 고독이 뿌리내리고 사는 내면의 저 영역이 움직인다. 나는 사막에서 자신에게 의지한다. 사막에는 온갖 인위적이고 인공적인 것이나 전시물이 들어설 자리가 없다. 나 자신과 대결하는 일로부터 주의를 돌릴 만한 게 아무것도 없다. 이런 환경은 반드시 필요하다. 나와 만날 수 있고, 자기 자신을 알게 되며, 내적 영역을 나의 영역으로 체험해야 하기 때문이다.

사막에서 체험하는 고독은 특이하다. 고독을 표현할 수 있는 말은 많지만, 사막에서는 본인 스스로 경험하지 못하는 한 그 고독은 이해하지 못한 채로 남아 있다. 여기서는 우리가 진실한 순간에 체험하도록 유보된 고독을 의미한다. 이때는 아담이 벌거벗은 채 모습을 드러내는 순간이다. 환상이 풍선처럼 빵 터지는 순간이다. 내가 똑같은 모습들이나 군중, 나를 에워싸고 규정하는 온갖 특징과 관계로부터 벗어난다면 크게 당황하고 깜짝 놀랄지도 모른다. 하지만 바로 그 순간, 나는 기쁨으로 가득 차고 홀로 있게 된다.

내 것이 아닌 것을 과감히 떨쳐 버리게 된다. 진실로 내게 속한 것을 내 안에서 펼치기 위해.

6

혼자 있음을 기회로 여기기
— 고독과 창의적으로 교류하기

성인이 된다는 말은 어쩌면 자신의 고독을 안다는 뜻이리라.
| 헨닝 만켈Henning Mankell

고독을 수용하기

고독과 당당히 겨루고 고독을 사실로 받아들일 때, 우리는 고독을 삶에서 창의적으로 통합하는 방향으로 이끌 수 있다. 혼자 있음을 받아들이고 고독이 모든 인간의 운명이며 우리 모두 한 배에 탔다는 사실을 알 때, 고독과 혼자 있음을 다른 식으로 체험하고 외롭다고 느끼는 상황을 바꿀 수 있다. 이 작업은 우리가 고독을 의식하고 고독에 매이지 않는다는 것을 지각하면서 다른 사람들의 삶 안으로 들어가고, 그들을 우리의 삶에 참여시킬지 말지 결정하는 과정에서 이루어진다. 혹은 결정을 내리지 않는 과정에서 이루어지기도 한다.

이렇듯 혼자 있음을 삶의 근본 요소로 받아들이는 태도는 고독의 부정적 체험을 극복하고 혼자 있음을 긍정적으로도 체험하는 데 중요한 전제 조건이 된다. 스웨덴의 심리치료사 퍼트리샤 튜더산달은 이렇게 언급한다. "우리가 항상 다른 사람들에게 끌리며 가까워지고 싶고 공동체에 속하고 싶은 마음이 들더라도, 내면의 저 특정한 곳에서는 늘 혼자라는 것을 실존적 고독이 상기시켜 준다. 우리는 혼자

태어나서 혼자 죽는다. 자면서도 외롭고 깨어나서도 외롭다. 우리의 삶에 주어진 중요한 과제 한 가지는 이 진실을 받아들이고 그것과 화해하는 일이다."(2005)

고독을 허용할 때 자신에게 집중할 수 있다. 우리가 얼마나 많이 외적 사물이나 관계에 따라 결정을 내리고, 그때 자기만의 시각을 잃고 마는지 고독을 허용할 때 의식할 수 있다. 이따금 우리는 익숙한 우리의 모습들과 대결하기도 한다. 만약 원하지 않는 모습일 경우 슬쩍 넘겨 버리고 싶겠지만, 더 이상 간과하기는 어렵다. 이제 자신의 진실과 대면해야 한다. '하지만 그것이 진실일 리 없어! 고독을 이겨 내기 위해 모든 것을 시도해 봐야 하는 거 아냐? 오히려 고독을 수용하라니, 말이 돼?' 하고 생각하는 사람이 많을지도 모른다. 헨리 나웬은 이렇게 대답한다.

"근원적인 인간적 고독과의 고통스러운 대결을 피하려고 마치 우리가 온갖 것을 감행하듯 보일 때도 많다. 또 우리에게 즉각적인 만족과 신속한 완화를 약속하는 거짓 신들에게 기만당하도록 스스로를 허용하는 것처럼 보이는 경우도 꽤 있다. 그러나 고독을 고통스럽게 의식하는 작업은 자신의 한계를 초월하고 자신의 경계선과 그 실존을 바라보라는 초대이리라. 고독을 의식하는 과정은 우리가 보호하고 지켜야 할 선물로 탄생할 수 있다. 고독이 우리 자신의 공허를 드러내기 때문이다. 우리가 잘못 이해할 때 공허는 파괴적일 수 있지만, 달콤한 고통으로 받아들이고 참아낸다면 확신으로 가득 채워질 수도 있다."(1979)

고독과 만나고 혼자 있음의 공간을 수용할 때 내 삶과 자신과의 관계를 형성할 수 있다. 거기서 큰 자유와 급진적인 성향이 내게 열린다. '급진적'이란 말이 지닌 가장 참된 의미는 이렇다. 즉, 나는 뿌리가 있다. 나는 내 뿌리를 의식하고 있다. 그렇다. 나는 나무와 같다. 나무뿌리는 근원에 가 닿고 그 공급원으로부터 생명이 유지된다. "이 '내적 근원'과 연결되지 않은 채 인생을 살아가는 사람들이 참 많다. 이런 사람들은 안전하고 보호된 장소에 있지 않고 불안정한 지하에 머물면서 모습이 바뀐다. 우리 정체성의 토대를 이뤄야 하는 것이 우리의 약점이 된다."(튜더산달, 2005)

내가 나 자신의 근원과 이어질 때 비로소 관계를 맺을 수 있다. 자신이 내적 근원과 연결되지 않았다고 여기는 까닭은, 삶을 연장할 수 없다고 믿으면서도 다른 근원을 찾아

내려고 하지 않기 때문이다. 나는 독립적인 인격체로서 관계를 맺을 수 있다. 나는 사랑과 인정, 공동체를 낚으러 사냥 길에 오른 사람이 아니다. 그런 사람은 스스로 발견하거나 경험하지 못하는 것이 어딘가 있다고 여긴다. 혼자 있음의 긍정적 체험은 생동감과 함께 나타날 수 있다. 이 체험은 다른 사람들에게 의존하지 않고 근본적인 욕구를 대체하고 채우는 데 필요한 능력들을 활용하겠다는 깨달음과 함께 나타날 수 있다.

고독을 견뎌 내기

고독 체험에서 나타나는 좌절, 궁핍이 우리를 마비시킬 수 있다. 이런 요소들은 우리를 우울하게 하고 절망으로 내몰기도 한다. 반면에 이런 요소들이 자신을 더 박차고 나와 스스로 삶의 책임을 떠맡도록 힘을 북돋워 주고 동기를 부여해 줄 수도 있다. 그러려면 고독이라는 현실에서 도망치거나 슬그머니 지나가려고 애쓰지 않으며 고독 속으로 당당히 들어가 견뎌 내는 자세가 전제 조건이 된다. 고독이 있는 곳에 감상주의도 있고 약속의 인지와 승인이 있다고 클라크 무스타카스Clark Moustakas는 말했다. 이는 우리가 살아 있고 감정을 지닌 존재라는 사실을 일깨운다. 고독은 밖을 향해 마음을 활짝 열고 손을 뻗치라고 우리를 고무하면서 그 느낌이 줄어들기를 간절히 바란다. 고독이 우리에게 사회적 관심을 드높일 마음을 일으킨다.

이것은 큰 도전이지만, 누구에게나 싹터서 자라는 것은 아니다. 고독을 종종 무거운 짐으로 경험하기 때문에 그것을 피하려고 안간힘을 쓰는 사람도 많다. 다른 사람들의 도움에 의지하며 고독을 체험하는 방식도 있다. 그러나 이 방법만으로는 고독을 처음부터 피하기가 어렵다. "고독을 끊임없이 피하는 사람은 자신이 발전할 수 있는 기회를 놓쳐버리는 것이다. 우리는 언젠가 자신의 길 위에 똑바로 서고 자신을 주시하며 자신의 삶을 새로운 관점에서 관찰해야 한다."(튜더산달, 2005)

혼자 있음을 견뎌 낼 때 거기서 비롯되는 불안을 없앨 수 있다. 혼자 있다는 것이 결코 큰 파국이 아니며 좋을 때도 있음을 경험하면서, 외롭다는 부정적 느낌과 혼자 있음을 더욱 또렷이 구분할 수 있다. 혼자 있다고 해서 무조건

외로워지는 것이 아님을 깨닫게 되는 것이다. 나는 혼자 있을 수 있으며 다른 사람과 늘 함께 있어야 한다는 강박에서 해방될 수 있음을 체험한다. 이제 나는 고독을 참아 냈을 때 비로소 감사한 마음이 들며 심오한 기쁨과 행복도 거듭 누릴 수 있다고 확신한다.

혼자 있음을 감내하는 사람은 시간이 지나면서 자신이 혼자 있는 것에 종지부를 찍을 능력도 생긴다. 본인이 누군가에게 다가가거나 누군가 '자기 배'에 타라고 권유하는 말을 들으면서 혼자 있음을 끝낼 수 있다. 있는 그대로의 내 모습으로 다른 사람들에게 다가가지 못하게 하는 불안을 없앨 수 있다. 불안과 공생하며 불확실, 감상주의, 보호받지 못함에 대해 비싼 대가를 치렀기 때문이다. 예전에는 세상과 세상의 문제에서 손을 놓시 못했다. 그러나 이제는 정반대. 나는 있는 그대로의 모습으로 다른 사람들에게 다가가지 못하게 하는 불안과 공포에 맞서 용감하게 싸운다. 무無와 공허로부터 도망치지 않고 정면으로 대결한다. 철학자요 심리치료사인 롤로 메이Rollo May는, 창조적인 사람이라면 고요할 때 문을 두드리며 음악을 듣는다고 말했다. 이런 사람들은 고독 속으로 들어가 고독이 의미하는 것을 찾아낸다.

 혼자 있음을 견뎌 낼 때 참자아와 만나면서 예전에 외적 활동이나 오락거리에서 얼마나 자주 헛된 것을 추구했는지 되돌아보는 체험을 할 수 있다. 반면에 고독과 맞설 준비가 되지 않은 사람은 고독과 더불어 살 수도 있는 체험을 놓치고 만다. 오히려 고독은 고통스러울 때나 영적 어둠 속에 있을 때라도 합당한 태도를 취하고 실천에 옮기라며 길을 터 준다. 이제 나는 사람이나 사물, 이념으로부터 더 이상 구속받지 않는다. 그런 체험은 자신의 고독을 알고 경험하면서, 고독과 함께 살아갈 능력을 체득하면서 마음을 활짝 열고 사람들과 교류하게 해 준다. "인간은 사회적 존재이자 고독한 존재다. 동시에 인간은 자신을 위해 존재하고 싶은 욕구뿐만 아니라 다른 사람들과도 긴밀한 관계를 쌓고 싶은 욕구를 지녔다. 이런 상황에서 자유롭게 대응할 능력, 바로 그 안에 완전하고 성숙한 인간이 되는 열쇠가 있다."(튜더산달, 2005)

 고독의 수위가 너무 높으면 안 된다. 그렇지만 고독을 감내하는 태도가 다른 사람들과 성숙한 방식으로 관계를 맺는 데 근본 조건일 수 있다는 점도 드러난다. 내가 존재한다는 것, 나 자신과 만날 수 있고 자력을 지녔으며 혼자서도 살 수 있음을 체험했다면, 주도적으로 다른 사람들과 관계를 맺고 유지하는 데 최상의 전제 조건을 갖춘 셈이다. 이제 나는 더 이상 다른 사람들에게 기대지 않는다. 내 행복, 내 삶의 의미를 그들에게 의존하지 않는다. 오히려 내가 그들에게 줄 수 있다고 확신한다. 그 사람들이 선사하는 것을 나는 잘 받아들일 수 있다. 선물의 내용에 좌우되지 않고 순수하게 받을 수 있다. 고독을 풍요롭게 체험하면서, 나는 실제로 구체적인 행위를 통해 사람들과 관계를 맺을 수 있고 이 관계를 유지하고 참아 내면서 누리기 위해 필요한 자원을 발견한다.

고독이 주는 축복

혼자 있음을 견뎌 낼 때 혼자 있음의 긍정적 측면을 남김없이 맛볼 수 있다. 이렇듯 혼자 있는 체험이 삶의 기쁨을 더 높여 주기도 한다. "우리가 혼자 있을 때 삶은 새롭고 완전하고 다른 의미를 지닌다. 곰곰이 생각해 보고 고통을 잊으며 자신과 화해할 시간이 생긴다. 뭔가를 복구하고 새롭게 만들어 내며 노후를 생각하고 새로운 것을 준비할 시간도 나온다. '나는 지금 무엇을 하고 있으며 어디로 가고 있는가?'와 같이 본질적인 측면과 마주할 수도 있다. 이런 성찰은 침묵을 통해서만 성숙해진다. 모든 사람의 저 깊은 곳에는 보물이 있다. 보물을 찾아내려면 시간을 내야 한다."(튜더산달, 2005) 어떤 이들에게는 혼자 있음이 위대한 창작의 시간이다. 예술가들은 이런 시간을 필요로 하며 고독을 향유하기도 한다.

혼자 있음과 긍정적 관계를 이룰 때 자신은 물론 친구와도 시간을 보낼 수 있다. 다른 사람들과 함께 있는 것이 반드시 중요하진 않다고 생각하게 된다. 혼자 있음을 잘 참아 낼 줄 알며 좋지 않은 것으로 여기지 않는다. 혼자 있더라도 공허하거나 버림받았다는 느낌이 들지 않는다. 자신이 불완전한 삶을 산다고 생각하지도 않는다. 오히려 다른 사람들과 함께 있어도 혼자라는 느낌이 들 때가 있다. 그러므로 혼자 있음과 긍정적 관계를 이룰 때, 다른 사람과 함께 있는 시간을 더욱 의미 있고 즐겁게 보낼 수 있다. 나의 고독과 혼자 있음을 견뎌 내고 이 두 가지를 즐거운 것으로 체험하는 것, 나 자신과 함께 있는 것, 다른 사람들과 좋은 내적 관계를 이루는 것은 매우 중요한 일이다. 혼자 있음과 고독을 수용하고 참아 내는 것은 대인 관계에도 복된 영향을 끼친다. 애정이든 우정이든 공동체에서든 좋은 영향을 미친다. 혼자 있음을 견뎌 냄으로써 이미 형성된 관계를 더 깊게 개선할 수 있다. 나와 다른 사람들의 관계는 양손에 비유할 수 있다. 양손은 서로 똑같이 가까이 다가가다가도 다시 멀어진다. 공생 관계의 특징은 이처럼 서로 철저히 차단된 채 자유롭게 움직이지 못하는 두 손과 같지만, 인간관계는 전혀 다르다. 헨리 나웬도 다음과 같이 말했다.

"내가 철저히 확신하는 게 있다. 온유와 애정, 평화, 내적 자유는 서로 가까워지다가도 마주보고 뒤로 쏙 빠지며 고독한 가운데 교류한다는 점이다. 우리는 처음에 고독 없이 서로 꼭 붙잡고 놓지 않는다. 서로 상대에 관해 생각하고 느끼고 염려하기 시작한다. 그러다가 마주보며 의심하거나 서로 화내는 과정이 빠르게 진행된다. 종종 의식하지 못한 채 넌더리 날 만큼 극도로 민감하게 서로 통제하기에 이른다. 고독 없이도 무의미한 갈등이 심각한 갈등으로 바뀌고 고통스러운 상처가 뒤따른다. '속마음을 털어놓는 것'

이 당연한 의무가 될 수 있다. 그러나 일상을 그런 식으로 자각하기 때문에 오랫동안 함께 있기란 사실상 불가능하다."(1979)

관계를 오래 지속하는 것은 독립적인 두 사람이 자진해서 상대방의 삶에 관여할 때 그 효과가 크게 나타난다. 너와 나로서, 나와 너로서 관계를 맺을 때 좋은 기회가 된다. 마샤 칼레코가 '너와 나'(2003)라는 시에서 아주 적절히 묘사했다.

너와 나, 우리는 부부라네.
각자 복된 혼자였지.
너로서 그리고 나로서 서로 사랑했네.
매일 아침이 랑데부였다네.
너와 나, 우리는 부부라네.
세월이 흐른 지 어느덧 사십 년
기쁠 때나 슬플 때나 늘 서로 사랑했네.
안정된 결혼 생활
바람처럼, 구름처럼 우리는 그렇게 행복했네.
혼자가 둘임은 복수가 아니라네.

혼자 있음을 참아 내기 어렵거나, 예컨대 내게 없는 것을 상대에게 바라면서 안정을 찾으려는 욕구는 관계 안에서 커다란 짐이 될 수 있다. 두 사람의 관계가 끝날 때까지 이 영향은 지속된다. 한 예를 들어 보겠다. 마리아 테레지아는 직장에서 유능한 책임자다. 하지만 사생활에 문제가 좀 있다. 이미 두 번 결혼한 데다 많은 대인 관계도 깨지고 말았다. 이 여성과 대화하면서 다음과 같은 문제가 드러났다. 즉, 마리아 테레지아는 일정한 시기가 지나면 자신의 어떤 면이 마음에 드는지 상대에게서 늘 캐내려고 한다. 본인 스스로 자존감이 낮기 때문에 그것을 메우듯 늘 다른 사람의 인정이 필요했던 것이다. 그녀는 자신이 매력 넘치고 사랑스러운 존재라는 것을 거듭거듭 확인하려고 했다. 하지만 상대방에게서 본인이 바라던 말을 들어도 곧 그 진실성을 의심했다. 이런 태도는 시간이 지나면서 상대방이 그녀로부터 점점 더 등을 돌리도록 내몰았다. 결국 이 여성의 인간관계는 모두 끝나고 말았다.

누구에게나 똑같이 주어진 근원적인 혼자 있음을 마리아 테레지아가 수용하기까지는 오랜 심리 치료 과정이 필요했다. 혼자 있음을 더 많이 수용할수록 자아와 더 많이 만나고 자신을 더 많이 신뢰할 수 있다. 자신의 감정을 의미 없고 공허하며 싫어하는 것으로 평가할 수 없음을 점차 지각하고 예감하게 된다. 나는 혼자 있음을 견뎌 내는 법을 배워야 한다. 파트너와 함께 있고 싶은 소망이 내게는 일종의 중독과 같기 때문이다. 그것이 내 삶을 장악하지 않도록 스스로 적극 노력하면서 막아야 한다. 내게는 이성에게서 인정받으려는 욕구에 집착하는 성향이 있기 때문이다. 마리아 테레지아는 한동안 혼자 있어 보겠다고 자유의사로 결정하는 것이 과정의 일부임을 배웠다. 이 과정을 거치면서 그 어느 때보다 자신의 확신에 더 잘 귀 기울이게 되었다. 여태껏 외부로부터 옳다고 암시받은 것에 더 이상 좌우되지 않게 되었다(다우릭, 1995 참조).

평생 과정

혼자 살고 고독을 참아 내는 능력, 게다가 이 상태를 존중하거나 향유할 능력까지 갖추려면 평생 과정이 필요하다. 또한 우리가 처한 삶의 단계와 상황이 서로 달라서 좋든 나쁘든 각양각색으로 그 과정에 임할 수밖에 없다. 한동안 혹은 아주 오랫동안 내 삶에서 혼자 있는 것을 계산할 때, 오히려 내 삶의 나머지 부분을 혼자 있어야 한다고 생각하면서 살 수 있다. 그런데 누군가와 함께 있으면 외롭지 않아야 한다고, 함께 있어도 외롭다면 문제가 있는 거라고 생각하는 것은 바람직하지 않다. 다른 사람과 함께 있으므로 혼자 있음을 이겨 낼 수 있다는 환상은 불합리한 방향으로 결론을 도출하기 때문이다. 이는 내가 누군가와 함께해도 나 자신과 있을 수 있다거나, 곁에 다른 사람이 없어도 줄곧 나 자신을 유지하며 자아와 함께 머무는 체험과는 다르다. 그 누구도 내게서 이 긍정적 체험을 빼앗을 수 없다. 설령 나를 사랑한 사람이 내 곁을 떠나더라도 이 체험마저 가져가지는 못한다.

  이 글을 쓸 무렵 나는 아프리카에 있었다. 그곳에서 남동생과 2주 정도 머물면서 많은 사람들을 만나고 많은 것을 체험했다. 아내와 아이들, 가장 가까운 사람들과 멀리 떨어져 지내는 동안 내게 소중한 사람들이 있다는 사실을 아는 것은 큰 도움이 되었다. 내가 이 사람들과 결속되었다는 것은 자명한 사실이다. 나는 그들을 다시 만나고 그들과 다시 함께 있을 것이다. 그들이 종종 생각났고 거듭 그리워하기도 했다. 그들을 곧 다시 만나게 된다는 사실이 기뻤다. 나는 아프리카에서 동생 없이 홀로 많은 시간을 보내며 그 순간순간을 누리기도 했다. 한밤중이나 새벽녘, 자연 속에서 오랫동안 혼자 머물렀다. 수도자들과 함께 기도하는 시간도 가졌다. 그러나 세베린 P. Severin 신부를 제외하고는 그 누구와도 깊은 관계를 맺지 않았다. 나는 방에서도 혼자 많은 시간을 보냈다. 시원한 바람을 일으키는 에어컨의 소음을 들으며 이 책을 집필했다. 아프리카에 머무는 동안 한 젊은 독일인이 묻힌 묘지와 마주치기도 했다. 그 젊은이는 당시 서른세 살에 이곳 아프리카에서 사망하여 산시바 근교 버가모요에 있는 독일인 묘지에 잠들어 있다. 묘비에는 이런 말이 쓰여 있었다. "눈은 멀리, 마음은 가까이."

내가 비록 다른 사람들을 보거나 만지지 못하고 냄새를 맡지 못하더라도 가까이 다가갈 수 있다. 나는 그들을 잘 안다. 내가 그들과 결속되었다고 느낀다. 그 사람들은 내게 속하고 내 삶에 속한다. 나는 그들의 기호와 사랑, 성실을 잘 안다. 그러나 이 사랑을 영원히 약속하기는 어렵다. 나는 그들과 결속되었고 그들은 나와 결속되었다. 그렇다고 나와 그들이 하나가 된 것은 아니다. 그들은 나의 전부나 다름없다. 동시에 나는 나 자신과도 결속되고 자신을 독립적이고 매이지 않은 인간으로 체험한다. 내가 아무리 가족과 친구들을 사랑하더라도 자아, 특히 나의 정서적 실존은 그들에게 매이지 않는다. 그리고 그들의 정서적 실존도 나에게 매이지 않기를 바란다.

한 유목민이 세상에 마치 자기 혼자 있다고 느끼는 것과 달리, 소속감은 혼자 있음을 한결 수월하게 참아 내게 하며 때로는 좋은 것으로 받아들이게 해 준다. 누군가 자신을 유목민으로 생각했다면, 스스로 폐쇄적이고 자기 안에 갇힌 존재라고 여길 것이다. 여기에는 대인 관계라고 할 만한 것이 없다. 그가 다른 사람들에게 가지 않고 다른 사람들도 그에게 오지 않는다. 거기에는 개방이 없다. 시선을 밖으로 향하고 다른 사람에게 자신을 드러낼 만한 관계가 형성되지 않는다. 이것은 마치 배의 짐칸에 앉아서 순항하는 사람에 비유할 수 있다. "그 사람은 삶의 의미나 모험, 흥미, 환희에 대해서는 아무것도 예감하지 못하고 깨닫지도 못한다."(로벤Lowen, 1993) 이런 사람은 남의 도움을 받아 자신을 활짝 열고 고립 상태에서 빠져나와야 한다. 자신의 마음과 영혼에 다가갈 때 비로소 진실함과 활력, 호기심, 에로스가 활동하기 시작하며 힘차게 흐른다. 그러므로 자기 자신을 활짝 열고 자아와 세상, 주변 사람들을 발견해야 한다.

닫는 글

체험 나눔

혼자 있음을 체험하면서 그것을 전환의 기회로 삼는 향상된 차원에 도달하기까지는 오랜 세월이 걸릴지도 모른다. 아마 고통스러운 체험을 포함하여 다양한 체험을 하게 될 것이다. 그러나 최소한 자신의 삶을 되돌아볼 수는 있다. 앞에서 언급했듯이, 나는 혼자 있음을 긍정적으로 바라보고 살아가는 단계에 이르기까지 수년, 아니 수십 년이 걸렸다.

나는 열두 살 때 기숙 학교에 들어갔다. 집과 가족, 그중에서도 엄마와 떨어져 있는 것이 특히나 힘들었다. 영혼이 병들 만큼 극심한 고통을 겪었다. 참으로 심각한 손상이었다. 뭔가 서로 파열되고 있는 듯했다. 결국 내적 결속력이 너무나 빨리, 걷잡을 수 없을 만큼 풀어지고 말았다. 물론 어머니와의 연락은 계속되었다. 편지도 주고받았으며 방학은 집에서 보냈다. 내가 사랑받고 있다는 생각도 유지할 수 있었다. 하지만 그것만으로는 부족했다. 나는 시간이 지나면서 이 상황을 다잡아야 했다. 그래서 기숙사를 내 집처럼 여기려고 노력한 결과, 어느 정도 긍정적인 효과도 거둘 수 있었다. 그러다 한 신부님이 대신 내 아버지 역할을 맡아주셨다. 공간적으로나 정서적으로 가족과 멀어지는 것이 자신을 독립적인 인격체로 경험하는 데 근본 조건이 된다 해도, 그 과정이 내 경우에는 너무 갑작스럽게 일어났다.

가족과의 이별이 지니는 두 번째 중요한 의미는 처음으로 이성 친구에게 호감을 느끼는 시기라는 점이다. 그때부터 우리의 삶에 누군가 들어와서 가장 소중한 사람이 된다. 그 사람과 시간을 함께 보내고 싶고 내 모든 사랑과 관심을 그에게 쏟고 싶다. 이 시기는 이성과 처음 만나서 친밀한 체험을 하는 때일 수도 있다. 내 경우엔 이 단계가 없었다. 나는 기숙사에서 살았고 관심의 방향이 학교와 기숙사의 신앙생활 쪽으로만 흘렀다. 유달리 신앙이 깊어서, 때로 지나치다는 평까지도 들었다. 다른 친구들이 이성과 처음으로 감정을 주고받는 시기에 나는 교황님 사진들을 모았다. 내 안에 갇혀 있었던 것이다. 나도 이성에 호기심이 많았지만, 부정적 관점에 치우쳐서 오히려 성이란 구원받지 못한 실체라고 판단했다.

나는 자신이 사랑받는 존재라고 믿었다. 거룩해지고 싶었고, 더욱이 나를 향한 모든 사람의 기대에도 부응했기 때문에 그렇게 믿었다. 나의 자아는 참으로 희미하게 형성되었다. 나는 자아와 거의 접촉하지 못했다. 하느님께 집중하는 모든 것이 스스로 낮게 평가한 자아에 대한 보상이었다. 그렇게 맺어진 하느님과의 관계가 그리 건강하지 못했음을 이제는 말할 수 있다. 나는 가족과 이별함으로써 정서적 발판을 잃어버렸고, 그 결핍을 신부님과의 정서적 유대를 통해 하느님과 깊이 일치하는 것으로 보상받으려고 애썼다. 그 영향으로 나의 독자성, 내 세계의 '유기적인' 발전이 막혔고, 자아와 집중적으로 대결하는 작업도 차단되었다. 내가 처음으로 한 사람을 만나 죽도록 사랑할 때까지 이 과정은 계속되었다. 내 나이 스물다섯이 지난 시기였다. 나를 구성한 내적 체계가 와르르 무너져 버렸다. 내 영혼, 참자아가 강제적 형태로 드러났다고 말할 수 있겠다. 자신의 삶을 어떻게 형성해 갈지, 자아는 더 이상 수용할 준비를 하지 못한 것이다. 그때까지 나는 앞으로 사제가 되어 다른 사람들을 위해 존재할 것이라고 생각했다. 평소의 내 바람이었으므로 스스로 만족했다. 그러나 내 안에는 다른 면이 있었다. 겉으로 이타적 삶을 사는 것처럼 보이게 하는 전제 조건은 오래가지 못한다는 것을, 내 안에 내재된 다른 면이 온 힘을 다해 똑똑히 알려 주었다. 거기에는 이념들이 너무 많이 깔려 있었다. 실로 이데올로기들의 각축장 같았다. 자아와 만나고 자신의 토대를 발견한 성숙한 인격체의 판단 같은 것은 찾아볼 수 없었다.

    이처럼 자신의 정체성, 곧 내가 누구이고 무엇을 원하는지 끄집어내는 작업은 개인의 정신 발달에 매우 중요하다. 점차 스스로 내면의 모습을 찾아내고 자신의 결정을 표명해야 한다. 우리는 내적 형상도 점점 더 많이 찾아내고 자신의 독자성을 표현한다. 이 작업에는 지금껏 스스로 자아상을 규정한 영향과 어떠한 유대에서 내외적으로 풀려나는 과정이 병행된다. 정체성을 잘 발견했다면 자신의 독자성도 선명하게 끄집어낼 수 있다. 혼자서 존립하며 우뚝 설 능력이 생긴다. 적어도 무엇이건 향상되는 모습을 보일 것이다. 자기만의 생각을 품고 자신의 확신을 알게 된다.

    내 경우, 일종의 붕괴된 정체성이 문제였다. 첫사랑에 빠진 시기까지는 그랬다. 나는 주변 사람들이 내게 기대하는 것을 자신의 것으로 만들었다. 주변 세계라는 단어가 지닌 가장 참된 의미에서 볼 때 나는 자기만의 퇴비, 나만의 토양 위에서 성장하지 못했다. 사랑에 빠지기 전에 이미 슬프고 뭔가 부족하다고 느낀 시절이 있었다. 나는 무척 바쁘게 지냈다. 늘 어딘가에서 반장이나 학생회장으로, 학생회 임원으로 앞장섰다. 이런 일을 하면서 나는 내면의 욕구를 슬쩍 넘겨 버렸다. 나도 남들과 가까워지고 싶고 우정이나 친밀함, 애정을 경험하고 싶었는데 그냥 넘겨 버린 것이다. 그러다가 첫사랑이 활활 타올랐다. 그동안 억눌렸던 온갖 동경이 신선한 공기를 내뿜었다. 그러나 내 안에 있는 부족한 부분도 나타났다. 정체성을 발견하지 못한 결과였다. 이런 결핍이 적어도 일종의 독자성을 지니도록 유도했을지도 모른다. 사랑하는 사람이 갈망을 채워 주고 내 말에 수긍한다면 모든 일이 잘되고 나는 완전한 존재가 되었을지도 모른다. 이것이 내가 품은 첫 번째 확신이었다. 내 눈에는 애인이 태양이었다. 나는 나 자신에게, 내 삶에 한 줄기 빛을 비춰 주는 태양을 몹시 그리워했다. 사랑하는 사람과 함께, 사랑하는 사람을 통해서 태양이 내 안에 떠올라 내 삶을 환히 비춰 주기를 간절히 바랐다. 그러나 애인은 다른 사람을 사랑했다. 물론 이 사실은 끔찍하고 견디기 어려운 것이었다.

자신의 감정이 보답을 받지 못하는 실연의 상처는 내 인생에서 가장 두려운 체험이었다. 그 이상의 강렬한 체험은 아니더라도 나중에 그런 일은 몇 번 더 생겼다. 물론 자신이 점점 더 정신적으로 성장하는 체험도 했다. 뒤로 물러나 정체되었던 정신이 서서히 매이지 않고 독자적으로 변화했으며 성장하기 시작했다. 어느 시기가 되자, 나는 성숙한 단계에 이르렀다. 나는 자신을 사랑하더라도 결국 다른 사람들을 사랑하게 되며, 자기애의 전 과정이 더 이상 삶과 죽음을 판가름하는 결정적인 문제가 되지 않는다는 체험도 할 것이다. 어떻게 이런 일이 생겨난 것일까?

언젠가 나는 자신이 둘도 없는 독보적인 존재임을 알게 되었다. 다른 사람들에게 다가가서 내가 무엇을 원하는지 말할 수 있는 체험을 했다. 그리고 다른 사람으로부터 기꺼이 받고 싶은 것을 받지 못할 수도 있음을 받아들이게 되었다. 반면, 나 역시 다른 사람들이 내게 뭔가를 바라더라도 내가 원하지 않거나 주지 못할 수도 있음을 분명히 말할 줄 알게 되었다. 내 입장이 어떠한지도 명확히 나타낼 수 있었다. 물론 그 단계까지 도달하려면 갈 길이 매우 멀다.

나는 고통을 겪으면서 자신을 내외적으로 점점 더 많이 받아들이는 법을 배웠다. 나 자신을 있는 그대로 품고 사랑하는 법을 배웠다. 그렇게 되기까지 무척 많은 시간이 걸렸다. 거울을 들여다보았다. 내 눈에 비치는 사람이 매력 없고 추하게 느껴지기까지 했다. 그래서 스스로에게 물었다. 여성에게 매력 있어 보이는 사람은 누구일까? 나는 곧 다른 사람들에게 나의 구원을 기대해서는 안 된다는 것을 깨달았다. 나를 구원해 줄 공주는 없었다. 나 스스로 뭔가 해야 했다. 여태껏 나는 나를 포함한 모든 사람들이 안락하게 느낄 만한 아름답고 마음이 끌리는 환경에서 사는 것에 가치를 두었다. 하지만 이제 그 이상의 것에 가치를 두기 시작했다.

나는 지금까지 한 번도 해 보지 않았던 일에 몰두하는 등, 여태껏 자신을 억눌러 왔던 것을 허용했다. 이제는 가끔 극장도 가고, 친구들과 파티도 벌이며, 손님들을 초대한다. 나는 자신이 편안하게 느끼도록 참으로 많은 일을 했다. 나는 더 이상 다른 사람들이 나를 위해 그렇게 해 주기를 바라지 않는다. 심리 치료 대화를 하면서 어린 시절과 대결했으며 나의 감정, 열등감, 실망에 관해 모두 털어놓았다. 이 과정을 거치면서 유익한 통찰을 얻었다. 특히 나를 담당한 심리치료사들과 만나면서 내가 있는 그대로 조건 없이 받아들여진 존재라는 값진 체험도 했다. 그러면서 언제부턴가 나 자신을 잘 참아 내게 되었다. 아주 멋지지는 않지만 스스로 이만하면 괜찮다고, 좋은 남자라고 여기게 되었다. 물론 친구들로부터 사랑받는 체험이나 여자들의 호감을 얻는 체험도 도움이 되었다. 그러나 내가 먼저 자신에 대해 "좋다"고 말할 수 있을 때 비로소 다른 사람들의 사랑과 호의도 받아들일 줄 알게 된다. 누구나 이 길을 걸어가도록 용기를 내야겠다.

독자 여러분이 용기와 신뢰를 지니고 자신을 되돌아보며 받아들이기를 바란다. 그리고 이 힘든 과정에서 부닥칠지도 모를 모든 것을 잘 참아 내고 수용하기를 진심으로 기원한다. 여러분은 사랑스럽고 선망의 대상이며 신뢰할 만하고 매력 넘치는 인간을 자기 안에서 보게 될 것이다. 스스로 이 놀라운 자아 발견을 했다면, 다른 사람들도 여러분을 그렇게 발견하고 있는 그대로 존중하며 사랑하게 되리라.

참고문헌

- Kathrin Asper: Verlassenheit und Selbstentfremdung. Neuzugänge zum therapeutischen Verständnis, München 1993.

- Patrick Carnes: Wenn Sex zur Sucht wird, München 1992.

- Sascha Dönges/Catherine Brunner Dubey: Psychosynthese für die Praxis. Grundlagen, Methoden, Anwendungsgebiete, München 2005.

- Stephanie Dowrick: Intimacy and Solitude, New York 1995.

- Gerard Egan: Moving into Adulthood, Monterey 1980.

- Erik Erikson: Identität und Lebenszyklus, Frankfurt 1973.

- Erik Erikson: Jugend und Krise, Frankfurt 1981.

- Erik Erikson: Der vollständige Lebenszyklus, Frankfurt 1988.

- Richard Gilmartin: Pursuing Wellness, Finding Spirituality, Mystic 1996.

- Brent Q. Hafen/Molly J. Brog: Emotional Survival, Prentice-Hall 1983.

- Joseph L. Hart: Perils of the Pleaser, in: James P. Madden(Hg.), Loneliness, Whitinsville 1977.

- Daniela Heisig: Die Anima. Der Archetyp des Lebendigen, Zürich 1996.

- Jolande Jacobi: Der Weg zur Individuation, Zürich 1965.

- Carl Gustav Jung: Mensch und Seele, hrsg. v. Jolande Jacobi, Olten 1971.

- Mascha Kaleko: In meinen Träumen läutet es Sturm, München 2003.

- Alexander Lowen: Bioenergetik. Therapie der Seele durch Arbeiten mit dem Körper, Hamburg 1993.

- Wunibald Müller: Intimität. Vom Reichtum ganzheitlicher Begegnung, Mainz 1997.

- Wunibald Müller: Sich Verlieben. Eine verwandelnde Kraft, Mainz 2001.

- Wunibald Müller et al.(Hg.): Sammle deine Kraft. Spirituelle und therapeutische Erfahrungen, Münsterschwarzach 2001.

- Neue Gespräche. Handreichungen für Familien, Gruppen und Gesprächskreise: Einsamkeit – ein bitterer Schmerz, Erfahrungsbericht von G. S., 15. Jg., Heft 5, Essen 1985.

- Henri J. M. Nouwen: The Self-availability of the Homosexual. Ethics, Theology and Homosexuality, hrsg. v. W. D. Overholtzer: Is gay good? Philadelphia 1971.

- Henri J. M. Nouwen: The wounded Healer, Garden City 1979.

- Henri J. M. Nouwen: Nähe, © Verlag Herder, Freiburg im

Breisgau 1992(2. Auflage 1993).

- Johannes Röser: Selbst ist der Mann, in: Christ in der Gegenwart, 57. Jg., Nr. 22, Freiburg 2005.

- Virginia Satir: Selbstwert und Kommunikation. Familientherapie für Berater und zur Selbsthilfe, München 1982.

- Peter Schellenbaum: Hingabe, die Grenzen sprengt, München 2004.

- Len Sperry: Human Development Revisited, in: Human Development. The Jesuit Educational Center for Human Development, Vol. 22, Nr. 4, Winter 2002.

- Hermann Stenger: Eignung für die Berufe der Kirche. Klärung, Beratung, Begleitung, Freiburg 1988.

- Patricia Tudor-Sandahl: Verabredung mit mir selbst. Aus dem Schwedischen übersetzt von Sigrid Irmia, © Verlag Herder, Freiburg im Breisgau 2005.

외로움에 숨겨진 참행복의 비밀
고독하되 고독하지 않게

글쓴이 : 부니발트 뮐러
옮긴이 : 황미하
펴낸이 : 서영주
펴낸곳 : 성바오로
주소 : 서울특별시 강북구 오현로7길 20(미아동)
등록 : 7-93호 1992. 10. 6
교회인가 : 2015. 2. 9
초판 발행일 : 2012. 6. 5
1판 3쇄 : 2020. 4. 21
SSP 950

취급처 : 성바오로보급소
전화 : 944--8300, 986--1361
팩스 : 986--1365
통신판매 : 945--2972
E-mail : bookclub@paolo.net
인터넷 서점 : www.paolo.kr
www.facebook.com/stpaulskr

값 11,000원
ISBN 978-89-8015-796-9